CONTINUER L'HISTOIRE

Hubert Védrine

avec la collaboration de
Adrien Abécassis et Mohamed Bouabdallah

Continuer
l'Histoire

Champs actuel

I

Occidental vertigo

Parce que les Occidentaux ont cru, avec la fin de l'Union soviétique, avoir gagné la bataille de l'Histoire et pouvoir désormais régner en maîtres, ils sont déboussolés par le monde qui se dessine sous leurs yeux, si peu conforme à leurs espérances.

Au début des années 1990, après leur victoire complète à l'issue d'une angoissante guerre froide de quarante-cinq ans entre l'Est et l'Ouest, les Occidentaux se sont laissé gagner par l'euphorie. Aux États-Unis, cette humeur a pris une forme triomphaliste. Pour le président George H. Bush père, un « nouvel ordre international » allait être instauré durant des décennies dans l'intérêt de l'humanité tout entière. L'essayiste américain Francis Fukuyama, alors néoconservateur, annonçait la « fin de l'Histoire » simplement parce que l'Occident ayant vaincu par K.-O., aucune puissance ni aucune idéologie n'allait plus pouvoir s'opposer à lui. Ses valeurs – économie de marché, démocratie – allaient irrésistiblement s'étendre au reste du monde. D'ailleurs, Deng Xiaoping avait décrété en Chine, dès la fin des années 1970, un tournant radical vers l'économie de marché. La normalisation démocratique et libérale serait inexorable.

Les avertissements lancés en 1993 par le professeur Samuel Huntington, pour qui, au contraire, le monde était désormais menacé par un « clash des civilisations », n'étaient pas entendus, parce que trop inquiétants, trop politiquement incorrects, trop contraires à l'assurance américaine comme à l'optimisme européen. Il distinguait neuf civilisations : occidentale, latino-américaine, africaine, islamique, chinoise, hindoue, orthodoxe, bouddhiste, japonaise. On pinailla sur sa classification, sur le concept même de « civilisations » et leur prétendu antagonisme. Tous les hommes n'étaient-ils pas frères ?

Il n'empêche que les Américains jugeaient leur leadership et leur bienveillante hégémonie nécessaires à la stabilité et à la sécurité du monde. Pour les Européens et les Canadiens, plus ingénus que les Américains et impatients de toucher les « dividendes de la paix », ce dénouement de la guerre froide allait donner naissance à une vraie communauté internationale, après les espérances répétées et déçues de l'après-Première Guerre mondiale dans la Société des Nations, puis, après 1945, dans les Nations unies. Au sein de celle-ci, tous les États partageraient les mêmes valeurs, d'inspiration occidentale, mais reconnues par tous comme universelles, et travailleraient ensemble selon les règles du multilatéralisme censées permettre même aux États les plus modestes de se faire entendre, et à la majorité de trancher dans l'intérêt général. Les rares États récalcitrants ou « voyous » seraient marginalisés et ramenés à la raison. Les conflits seraient prévenus et les grands problèmes résolus au sein de l'ONU ou par le Conseil de sécurité qui allaient enfin pouvoir jouer pleinement leur rôle tel qu'il avait été prévu par la Charte, comme dans le cas de la guerre destinée à libérer le Koweït de l'occupation irakienne, en 1991, légitimement et légalement décidée par les cinq membres permanents unanimes. Ces rares guerres feraient « zéro mort » – en tout cas du côté occidental. Une justice internationale verrait le jour, privant de leur impunité les grands criminels et dissuadant, espérait-on, la perpétration de nouveaux crimes. La « société civile internationale » ferait de plus en plus sentir son influence, obligeant les États à la transparence, à l'éthique et à la morale, et irait même, dans certains domaines, et à travers certaines ONG, jusqu'à se substituer à eux.

Quant à la mondialisation, elle serait heureuse, prophétisait-on, en ouvrant par le commerce chaque partie du monde sur l'ensemble. En faisant peu à peu tomber les protections commerciales, elle ferait basculer les barrières, reculer les crispations identitaires, le repli sur soi. Elle profiterait à tous les pays, à tous les peuples, à tous les individus (dans le jargon américano-global, elle serait « ga-gnant-gagnant », *win-win*), donnant nais-sance à une culture globale syncrétiste à l'image de la *world food* des grands hôtels de New York et de Shanghai ou de certaines musiques.

Pendant la décennie 1990, d'importants sommets de l'ONU, véritables grands-messes, rassemblèrent les quelque cent quatre-vingt-dix États membres pour traiter de l'environ-nement (Rio, 1992), du développement social (Copenhague, 1995), de la place des femmes dans la société (Pékin, 1995), et ainsi de suite. La conviction était acquise que ce multilatéra-lisme était la bonne méthode pour relever les « défis globaux ». Chez les Européens, ainsi que parmi une mince frange des démocrates américains, se diffusait l'idée que les relations internationales classiques d'État à État étaient dépassées. La *realpolitik* – « politique internationale basée, selon le *Robert*, sur des considérations de rapports de forces et de possibilités concrètes, sans influence idéolo-gique » – était rejetée avec indignation comme ayant enfanté les horreurs du

XXe siècle. Devait s'y substituer une « gouvernance » des enjeux globaux par le système multilatéral, les « nouveaux acteurs » – société civile, ONG, médias, justice internationale, etc. –, le libre commerce et la diplomatie des droits de l'homme.

Cet optimisme culmine avec la Déclaration dite du « Millénaire », adoptée le 8 septembre 2000 par tous les États membres de l'ONU. Dans cette déclaration en trente-deux points, ceux-ci rappellent que « l'ONU est le lieu de rassemblement indispensable de l'humanité tout entière, où nous nous efforçons de concrétiser nos aspirations universelles à la paix, à la coopération et au développement ». Et ce texte de décliner les valeurs fondamentales qui doivent sous-tendre les relations internationales du XXIe siècle, à savoir la liberté, l'égalité, la solidarité, la tolérance, le respect de la nature, le partage des responsabilités. Pétitions de principe et exhortations impossibles à contester !

Conséquence du sentiment de supériorité et du manichéisme dominant : les politiques étrangères devenaient en tant que telles super-flues. Si l'Occident avait gagné, pourquoi, en effet, négocier avec des régimes condamnables ou infréquentables ? Pourquoi se commettre avec des despotes ? Pourquoi rechercher des compromis alors même que les valeurs occidentales allaient s'imposer à eux, de gré ou de force, qu'ils le veuillent ou non, et qu'il suffisait d'admonester, de mettre en garde, de sanctionner les récalcitrants ? Chaque fois que les nécessités de la vie internationale ou de la résolution d'un conflit obligeaient les diplomates et plus encore les dirigeants politiques à entrer en contact avec un régime non démocratique ou antioccidental d'Asie, d'Afrique ou du monde arabe et même avec la Russie de Poutine, l'opinion, les médias, les ONG occidentaux s'érigeaient en critiques sourcilleux, au nom d'une moralité supérieure, face aux États forcément dévoyés par la *realpolitik* ou le commerce. Comment osez-vous parler avec tel ou tel autocrate ? Comment pouvez-vous faire confiance à tel régime ?

Toutefois, ces illusions ont revêtu dans certains domaines des formes différentes, voire contraires, comme aux États-Unis et en Europe. Pour comprendre ce phénomène, il convient de revenir sur une évolution des idées apparue outre-Atlantique mais qui a tant influencé le reste du monde.

De 1989 à 1992, George Bush père, le quarante et unième Président, et son équipe, en particulier James Baker et le général Scowcroft, avaient donné une interprétation classique du leadership américain, réaliste et forte, dans la ligne traditionnelle du parti républicain, sans arrogance excessive ni prosélytisme particulier ou esprit de conquête, à tel point que l'Amérique apparaissait plutôt comme un « gendarme du monde réticent » (*reluctant sheriff*). Avec Helmut Kohl, François Mitterrand et Mikhaïl Gorbatchev, ils gérèrent l'effondrement de l'URSS et la fin du monde bipolaire avec détermination et sens des responsabilités. Dans la guerre du Golfe, ils s'en tinrent strictement au mandat de l'ONU – libérer le Koweït –, et, cette tâche accomplie, s'employèrent aussitôt à lancer un processus de paix israélo-arabe. Durant les deux mandats de la présidence

Clinton (1993-2000), la puissance américaine fut éclatante sur tous les plans, aussi bien économique que politique. C'est d'ailleurs en 1998, sous Clinton et non pas sous Bush, que, pour mieux décrire ce rayonnement nouveau que traduisait mal le vieux terme de « superpuissance » – un peu aussi pour mettre en garde, mais pas pour critiquer ni condamner –, je lançai le néologisme d'« hyperpuissance », servant à désigner une puissance sans précédent ni équivalent historique ou actuel. Mais, par sa perception exceptionnelle des réalités politiques extérieures – trait assez rare chez les hommes politiques américains –, par son charisme et son ouverture d'esprit, par ses efforts tardifs mais sincères en faveur de la paix au Proche-Orient, le président Clinton donnait à cette immense puissance un visage et des formes acceptables pour le reste du monde. Par sa seule présence à la Maison-Blanche, il bridait une volonté d'hégémonie qui montait des profondeurs de l'opinion américaine et était déjà perceptible dans les médias et certains *think tanks*. Au demeurant, lors des élections de 1994 pour le renouvellement du Sénat et de la Chambre des représentants, la victoire d'un parti républicain devenu viscéralement réactionnaire montra comment l'Amérique évoluait dans ses tréfonds : nationalisme étroit, primauté réaffichée des intérêts nationaux, méfiance envers toute dilution de la souveraineté dans le multilatéralisme et donc envers l'ONU, conception brutale, hiérarchique et unilatéraliste des rapports avec les alliés, croyance dans le règlement purement militaire des conflits. Cette victoire annonçait une ligne plus dure encore que celle qu'avait exprimée naguère le slogan de Ronald Reagan : *America is back*, et qu'allait confirmer le « Nous avons trouvé notre mission » de George W. Bush, le 12 septembre 2001.

Cette métamorphose du parti républicain, si lourde de conséquences, venait de loin. L'abandon en masse, dans les années 1960, du parti démocrate de Roosevelt par les petits Blancs du Sud, révulsés par la politique de déségrégation de Johnson, et leur ralliement au parti républicain faisaient basculer, trente ans plus tard, ce dernier dans un populisme de droite. Populisme encore durci par le mouvement évangéliste qui, prenant la Bible à la lettre, est de ce fait complètement aligné à l'extérieur sur la droite israélienne la plus dure, ce qui n'est pas le moindre des paradoxes compte tenu de l'héritage idéologique et raciste d'une partie du sud des États-Unis. Dans le même temps, cheminait parmi les élites républicaines le courant dit « néoconservateur ». Courant mal nommé, puisque les anciens gauchistes qui le composent – démocrates, intellectuels, souvent trotskistes à l'origine – étaient passés à l'extrême opposé en devenant non pas des conservateurs, mais plutôt des révolutionnaires-réactionnaires. Pendant la guerre froide, ils avaient combattu sans relâche la politique de détente de Henry Kissinger, leur bête noire, à leurs yeux trop accommodante avec l'URSS et les ennemis de l'Amérique, ils avaient accueilli Ronald Reagan comme une divine surprise, s'étaient résignés en rongeant leur frein au réalisme du premier président Bush, et avaient calomnié à tout crin le président Clinton, à la fois sur les plans personnel et politique. Ils lui reprochaient de ne pas faire respecter l'Amérique, de ne pas employer la force en Irak pour renverser Saddam Hussein, de dilapider le crédit des États-Unis dans une inutile recherche de solution au Proche-Orient, s'acharnant enfin contre lui avec une haine maladive dans l'affaire Lewinski.

En fait, ces « néocons » soutenaient depuis les années 1970, autour du sénateur Jackson et de son collaborateur Richard Perle – puis même encore sous Clinton, en plein processus de paix entamé à Oslo ! –, qu'il n'y avait pas de problème palestinien, que c'était l'invention d'une gauche israélienne inconséquente et des anti-israéliens du monde entier, que la solution consistait en fait à démocratiser de gré ou de force les pays arabes voisins, ce qui les rendrait, selon eux, pro-occidentaux et pro-israéliens ! Ce qui permettrait aux Israéliens de conserver les territoires occupés, comme le voulait le Likoud, le parti de la droite israélienne créé par Menahem Begin en 1973. Ce déni, cette tentative de contournement de la question palestinienne, proclamés dans le document de 1996 « Une rupture nette, une nouvelle stratégie pour conserver le royaume », allaient avoir jusqu'à aujourd'hui les conséquences les plus funestes sur la situation au Proche-Orient, la sécurité d'Israël et les relations entre l'Occident et le monde arabo-musulman, voire l'Islam en général.

À l'héritage nationaliste américain, celui des présidents Theodore Roosevelt et William Taft, ces néoconservateurs avaient incorporé de façon originale la tradition du messianisme démocratique avec laquelle le président Wilson, en 1919, à Paris, avait tant agacé Clemenceau, mais qui domine toujours l'idée que l'Occident se fait de son rôle. Avant l'élection de George W. Bush et son enlisement en Irak, ce cocktail original exerçait une influence certaine au-delà même des conservateurs, jusque chez certains démocrates et au sein de l'opinion éclairée. Le Vietnam était oublié. Avec l'effondrement de l'URSS, les Américains avaient retrouvé une pleine confiance dans leur mission, cette « destinée manifeste » qui justifiait leur « exceptionnalisme ».

Démocratiser le monde semblait à l'opinion américaine (européenne aussi, d'ailleurs) une tâche urgente, réalisable, ne souffrant aucune discussion. Ainsi Madeleine Albright, remarquable et très dynamique secrétaire d'État de Bill Clinton, réunissait-elle en juin 2000, à Varsovie, une conférence regroupant les délégués d'une centaine de pays pour donner naissance à une « Communauté des démocraties ». Si la démocratie est à brève échéance l'horizon indépassable de tous les peuples, si les Occidentaux en sont la garantie et le fer de lance, pourquoi attendre ? Pourquoi ne pas bousculer les États voyous ? Et aussi pourquoi supporter d'être, au sein de l'ONU, paralysés, voire insultés par des despotes ?

Madeleine Albright reconnaîtra quelques années plus tard qu'elle avait alors vraiment cru que la démocratie pouvait être étendue rapidement et sans difficulté insurmontable au monde entier. Elle n'était pas la seule. C'était avant le fiasco irakien. La tentation de mener à bien ce programme à partir d'une OTAN élargie, devenue une ONU à leur main, était déjà présente dans l'esprit des stratèges américains. Version un peu élargie de ce que disait jadis Churchill au secrétaire d'État du président Eisenhower, John Foster

Dulles : « Seuls comptent les peuples anglophones, ensemble ils pourraient diriger le monde. »

En 2003, les Européens se croient absolument opposés à Bush. En fait, ils partagent largement la même croyance dans la mission démocratique de l'Occident. L'opinion française est, de surcroît, très favorable au droit, voire au devoir d'« ingérence », sympathiquement incarné par Bernard Kouchner et les *French Doctors*. Réhabilitation, après une éclipse de quelques décennies seulement, du « devoir de civilisation » invoqué autrefois par les colonisateurs, puis brièvement oublié au moment de la décolonisation. La plupart des médias ont décidé qu'ils étaient chargés de veiller à ce que cette vigilance et cet activisme démocratiques deviennent la priorité des diplomaties occidentales. Mais là où Américains et Européens divergent fortement, c'est sur ce qui a trait au recours à la force. Depuis 1945 et encore plus depuis 1989, les Européens croient vivre dans un monde posttragique, posthistorique (postnational, même, pour les fédéralistes), un monde idéal, démocratique et pacifique, régi par des valeurs universelles, la norme, le droit, la sécurité collective, la prévention des conflits. D'une certaine manière, ils rêvent d'un monde peuplé d'Européens de l'Ouest. Ils reprennent à leur compte, en la simplifiant, la notion de *soft power* formulée en 1990 par le professeur américain Joseph Nye. En même temps – et de manière contradictoire –, ils jugent impératif, au nom d'un prosélytisme aussi ancien que la chrétienté (« Allez évangéliser toutes les nations... »), d'imposer leurs propres valeurs à tous les autres. Mais pas par la force ! Pour les Européens d'aujourd'hui, les discours, les conditionnalités, le chantage à l'aide, les remontrances, l'ingérence sont acceptables et légitimes. La guerre, les bombes, l'occupation militaire ne le sont pas. Ils ont la phobie du recours à la force, même légalement décidée. Les Américains, eux, l'acceptent et la trouvent légitime (puisque c'est leur force), tout en débattant des moyens employés. Souvent, même, ils jugent courageux d'« y aller seuls », au contraire des Européens, qui posent des conditions et veulent une décision légitime, multilatérale, ce que les Américains dénoncent comme un état d'esprit munichois. D'où le large consensus qui a marqué aux États-Unis le début de la guerre en Irak, et le divorce de leur opinion d'avec les opinions européennes. Ce que l'essayiste Robert Kagan a caractérisé en 2002 comme étant l'opposition de Mars (les États-Unis) et de Vénus (l'Europe).

*

* *

Mis à part ces divergences sur le recours à la force, les Occidentaux d'aujourd'hui partagent donc dans une large mesure les mêmes illusions sur les valeurs universelles et la démocratie, ou plus exactement sur leur aptitude (légitimité et efficacité) à les imposer de l'extérieur. Il ne s'agit pas de prétendre que les droits fondamentaux exprimés aux États-Unis, en Grande-Bretagne et en France à la fin du XVIIIᵉ siècle, et repris par la Déclaration universelle des droits de l'homme de 1948, ne traduisent pas l'aspiration profonde de tous les hommes et de toutes les femmes qui peuplent le monde. Personne, dans aucune culture, n'a envie d'être privé de liberté, violenté, assassiné ! Au demeurant, de très nombreuses personnalités non occidentales, sur tous les continents, s'en réclament, à commencer par les Prix Nobel Amartya Sen, Mohammed Yunus ou Shirin Ebadi, entre tant d'autres. Mais, en refusant de voir, au nom du combat contre le relativisme (valeurs musulmanes, valeurs asiatiques, valeurs orthodoxes russes, etc.), que les droits de l'homme sont perçus par bien des peuples de ce que l'on appelait autrefois le « Sud » comme un mélange de principes effective-ment universels et d'autres mis en avant par les Occidentaux pour perpétuer leur supré-matie ; en faisant l'impasse sur ce que les peuples concernés, qui ont la mémoire moins courte que nous et ne se satisfont pas de notre récente et commode épidémie de repentance, n'ont pas oublié : à savoir que l'Occident a souvent bafoué et violé ses propres principes, et en fait aujourd'hui encore un usage sélectif (le deux poids, deux mesures, qui serait mieux exprimé par dix poids, dix mesures !), les Occidentaux se condamnent à ne pas comprendre pourquoi ces droits, indiscutablement universels à leurs yeux, ne sont pas encore universellement perçus comme tels, et donc à en rester au stade de l'indignation médiatisée et de la véhémence stérile. Des réflexions comme celles du philosophe iranien Ramin Jahanbegloo ou d'Alexandre Soljénitsyne, bien sûr, qui estiment, parmi d'autres, que l'universalisme ne doit pas être fondé sur les seules valeurs occidentales, ne devraient pas être ignorées.

D'une dangereuse naïveté, la conception de la démocratie, ou plutôt de la démocratisation, déjà évoquée plus haut, relève de la même approche. Le triomphalisme des années 1990 a fait resurgir en Occident la croyance en une conversion quasi instantanée à la démocratie comme à une religion : le futur saint Paul persécute les chrétiens, Dieu lui parle, il tombe de cheval, ses yeux se dessillent, il se fait chrétien. L'agnostique Paul Claudel fait à Notre-Dame le tour d'un pilier, la grâce le saisit, et voilà ! En 2003, les Américains croyaient que de la chute de

Saddam Hussein naîtrait la démocratie comme, en 1979, Jimmy Carter l'avait attendue de la chute du shah d'Iran. Ils distribuaient à leurs troupes des ouvrages sur l'Allemagne ou le Japon de 1945. Sous la tyrannie, forcément, la démocratie ! Pourtant, la démocratie ne s'est implantée « instantanément » dans aucun pays occidental, pas même aux États-Unis. A-t-on oublié la guerre d'Indépendance, l'extermination des Indiens, l'esclavage, la guerre de Sécession, le refus du vote des Noirs, sans parler des problèmes d'aujourd'hui : abstention, argent, lobbies, « pipolisation » caricaturale ? En Europe, les siècles d'alternance de révolutions sanglantes et de répressions féroces ? Et, en France, les cent cinquante ans séparant les premières élections de 1795 et le vote des femmes ? Nulle part la démocratie n'a été imposée de l'extérieur comme par une armée de martiens ! Le même Ramin Jahanbegloo estime que l'Occident devrait la promouvoir sans chercher à l'imposer. Partout où la France – révolutionnaire, impériale, puis coloniale – a voulu imposer ses principes, il y a eu des retours de bâton. Partout la démocratie a été le fruit d'un processus complexe, plus ou moins rapide, avec des avancées, des reculs, des interactions intérieur/extérieur, mais essentiellement endogène. Quand je disais à Madeleine Albright, lors de nos longues conversations amicales : « La démocratie, ce n'est pas du café instantané », je reprenais, sans le savoir, une formule plus ancienne du grand écrivain mexicain Octavio Paz : « Ça n'est pas du Nescafé ! » Comment, en effet, confondre sans graves risques d'échec *ré*-tablissement de la démocratie (après 1945 : Allemagne, Italie, puis Espagne, Portugal, Grèce, Amérique latine) et son *é*-tablissement là où elle n'a jamais existé ni pris racines (Irak, 2003 ; Afghanistan, 2002) ; société homogène (Japon, 1945) et société hétérogène (Irak, pays d'Afrique) ; techniques démocratiques facilement exportables (élections sous contrôle) et culture démocratique (respect des droits des minorités, droits du citoyen), longue à ancrer dans les esprits ? Comment confondre, en somme, démocratisation interne par la mise en œuvre du potentiel idoine que recèle chaque société, et imposition de la démocratie de l'extérieur ? A fortiori si cette ingérence est le fait d'anciennes puissances coloniales ou d'une Amérique délégitimée – en tout cas dans le monde arabe et aux yeux de celui-ci – par sa partialité et son cynisme dans le conflit israélo-palestinien, mis à part les rares épisodes Carter, Bush-Baker et Clinton sur la fin ?

Pensons à tout ce que les Occidentaux – américains comme européens – ont tenté depuis quinze ans en fait de déclarations, discours, sanctions, conditionnalités, dans cet esprit de croisade démocratique, vis-à-vis des Russes, Chinois, Arabes, Africains et autres, et mesurons les maigres résultats obtenus : voilà qui devrait faire réfléchir ! Il serait peut-être temps de comprendre que vouloir exporter de toutes pièces nos régimes démocratiques est une démarche qui aboutit presque immanquablement à l'inverse du but recherché : le rejet de la greffe démocratique.

Mais les Européens – de même que les Canadiens – se font aussi des illusions qui leur sont propres et que ne partagent pas (ou peu) les Américains. C'est le cas par exemple de la société civile internationale. Personne ne peut en définir avec précision les contours ni le contenu réel : s'agit-il des électeurs, des sondés, des dizaines de milliers d'ONG, des médias ? Et pourtant les Européens et les Canadiens y voient l'instrument privilégié du dépassement des États-nations, une sorte de panacée pour atteindre à la modernité contre l'archaïsme, l'étatisme et la répression, tandis qu'aux États-Unis une ONG est américaine avant d'être non gouvernementale, et que nul n'y remet vraiment en cause, pas plus qu'ailleurs, sauf en Europe occidentale, la souveraineté nationale.

L'ONU et le multilatéralisme ne sont pas seulement perçus chez nous comme un cadre utile et une méthode diplomatique de réalisation de compromis, mais comme une éthique de dépassement des intérêts nationaux dénoncés dans la novlangue en tant qu'égoïsmes nationaux. La justice internationale est destinée, au départ, à dissuader les grands criminels de perpétrer leurs forfait ou, à défaut, à mettre fin à leur impunité, mais aussi, espèrent d'aucuns de façon plus problématique, à résoudre les problèmes politiques de fond, autant dire à faire des miracles.

La régulation de la mondialisation, pont aux ânes de la gauche mondiale bien intentionnée, oxymore s'il en est, apparaît en tout cas comme une tâche digne de Sisyphe puisque la mondialisation imposée par l'économie américaine est d'abord une... dérégulation ! Une de ces illusions est plus particulièrement française : l'Europe-puissance et, liée à cette notion, celle de monde multipolaire chère au président Jacques Chirac. L'« Europe-puissance » est vue ici comme un relais, un substitut à la puissance française. Le « monde multipolaire » est censé encadrer la puissance américaine et un de ses pôles serait « naturellement » européen – à notre façon.

*
*   *

En fait, ni l'*hubris* des États-Unis d'aujourd'hui, ni l'ingénuité des Européens, ni l'idéalisme des Français et leur goût persistant pour la grandiloquence ne fonctionnent vraiment. Rien n'y fait : ni l'énorme puissance américaine ni la sincérité des Européens, qu'ils œuvrent à consolider le droit international ou qu'ils reportent leurs espérances sur l'influence et le rayonnement de l'Europe par la norme. D'autant que, dans nos sociétés ultramédiatisées (trois heures et demie à quatre heures par jour passées en moyenne devant la télévision), avides de « transparence » et d'impression de « proximité », submergées d'émotions et d'informations instantanées, méfiantes vis-à-vis de tous les pouvoirs et de tous les savoirs, il est de plus en plus difficile de mener des politiques étrangères sérieuses, c'est-à-dire persévérantes, cohérentes, fondées sur une vraie vision du monde et de nos intérêts. A fortiori si elles s'appuient sur un diagnostic superficiel ou irréaliste et sont prises en otages par la politique intérieure et les soubresauts constants de l'opinion.

Tout cela est depuis longtemps perceptible mais ne cesse de s'aggraver. Kissinger déplorait naguère qu'Israël n'eût pas de politique étrangère, mais seulement une politique intérieure, ce qui l'affaiblissait. N'est-ce pas le cas, aujourd'hui, de toutes les démocraties médiatisées ?

C'est tout cet universalisme occidental à la fois bien pensant, bien intentionné, hégémonique, paternaliste et sûr de lui, bouffi d'irréalisme et embrumé d'« irrealpolitik », qui s'est heurté aux réalités.

Ce fut le cas dès 1995, avec la fin du processus de paix, tant attendu au Proche-Orient, provoquée par l'assassinat d'Yitzhak Rabin, le plus clairvoyant et le plus courageux dirigeant israélien des dernières décennies, par un militant de l'extrême droite israélienne. Rabin, auquel on ne rendra jamais assez hommage, disait : « Je combattrai le terrorisme comme s'il n'y avait pas de processus de paix, mais je poursuivrai le processus de paix comme s'il n'y avait pas de terrorisme » – pour ne pas laisser les terroristes de tout poil décider à sa place ni utiliser de mauvais prétextes pour ne pas avancer. Certes, le processus enclenché par George

H. Bush et James Baker, continué par Bill Clinton, se poursuivit cahin-caha encore un moment, mais pour sombrer irrémédiablement avec l'élection de Netanyahou en 1996. Depuis lors, il n'y a plus eu d'espoir de paix crédible, sauf brièvement, en 2000, année des occasions manquées. Et cette plaie ouverte envenime toute la relation Occident-Islam.

Ensuite la multiplication ou la résurgence des affrontements intercommunautaires et des revendications à teinte fortement confessionnelle ou ethnique (Balkans, Caucase, Rwanda, essor du nationalisme hindou, renaissance de l'islam politique) semblent contredire les promoteurs de l'inéluctable convergence des peuples dans le consensus universaliste. Ainsi, à Durban, du 31 août au 7 septembre 2001, la conférence des Nations unies contre le racisme, sujet en principe et par excellence consensuel, achoppe sur la qualification de l'histoire de l'esclavage et des conséquences politiques à en tirer ! Cet échec rappelle brutalement aux optimistes le fossé toujours béant entre Occidentaux, Africains et Musulmans.

Puis George Bush junior devient en novembre 2000 le quarante-troisième président des États-Unis. Il entre à la Maison-Blanche avec des conceptions de politique intérieure et internationale qui laissent les Européens aussi stupéfiés qu'effrayés, conceptions qu'ils croyaient appartenir au passé alors qu'eux-mêmes ne font plus figure que d'îlot protégé dans le monde d'aujourd'hui. Mais les attentats du 11 septembre 2001 viennent démontrer de façon spectaculaire que, dans le monde globalisé, le terrorisme l'est aussi. Si cette tragédie impressionne tant le monde, c'est parce que les États-Unis en sont victimes, eux qui se pensaient – et que le monde entier pensait – invulnérables. Eh bien, non : face à des actions-suicides, même les États-Unis hyperpuissants ne sont pas invulnérables ! Le 11 septembre n'est pas la césure prétendue entre le monde ancien et le nôtre. Rien qui puisse se comparer à la chute du mur de Berlin. Mais le 11 septembre donne au vice-président Cheney et aux néoconservateurs l'argument prétexte décisif qu'ils recherchaient pour orienter la politique de l'administration Bush, déjà manichéenne, dans un sens encore plus missionnaire, militaire et interventionniste. En raison de ses faibles capacités de résistance militaire et de son régime indéfendable, l'Irak serait la cible idéale, prédésignée sur la base d'une argumentation mensongère, de la nécessaire démonstration de force américaine, celle-ci obéissant à des raisons de fierté nationale, mais aussi de stratégie pétrolière, de soutien à Israël et de promotion de la démocratie. Les véhémentes protestations et mises en garde françaises, rappelant au respect du droit international, n'y pourront rien.

Quant à la construction européenne, elle est d'abord menée d'un bon pas, de 1985 à 1992, sous l'impulsion de François Mitterrand, de Helmut Kohl et de Jacques Delors. De façon presque prémonitoire, avant même la fin du monde bipolaire, ils préparent ce qui sera la meilleure réponse à ce bouleversement, et ce jusqu'à la ratification du traité de Maastricht : le renforcement de l'Europe. Elle se poursuit avec l'adoption de l'euro comme monnaie unique par onze pays le 1er janvier 1999 ; par l'adhésion de trois nouveaux membres, en 1995, et de dix autres en 2004. Mais, sur le plan institutionnel, la fuite en avant déclenchée après le traité de Nice par les milieux fédéralistes, pour des raisons différentes par l'Allemagne, pour des raisons moins compréhensibles par la France, aboutit à une impasse avec le rejet du projet de Traité constitutionnel par les Français (à 54,67 %, le 29 mai 2005) et les Néerlandais (à 61,6 %, le 1er juin 2005). Depuis lors, les Européens n'ont plus l'air de savoir ce qu'ils veulent, ce qui affaiblit d'autant la perspective d'un monde multipolaire comportant un pôle européen fort.

En fait, sept ans après l'adoption de la ronflante Déclaration du Millénaire par les membres des Nations unies, après une petite dizaine de grands sommets onusiens en l'espace de dix ans, et trois ans après l'accord sur le principe d'une Constitution européenne, le monde de 2007 est bien loin de constituer une « communauté », et l'Europe une puissance. Communauté pour les ministres des

Affaires étrangères et les diplomates des 192 pays, pour les quelque 120 000 fonctionnaires des institutions multilatérales, pour la plupart des milliers d'ONG, certes. Économie et monde globalisés pour de nombreux P-DG et cadres supérieurs d'entreprises, banquiers, *traders*, gestionnaires de fonds de pension, avocats d'affaires et *lawyers*, personnels des compagnies pétrolières ou aériennes, pour certains médias, pour les concepteurs de la *world food*, pour le monde de la mode, de l'art, etc., sans nul doute. Mais, au-delà de cette mince pellicule américano-globalisée, on reste bien loin d'une communauté rassemblant les peuples du monde !

Nous pensions vivre déjà au sein d'une « communauté internationale » mettant en œuvre les mêmes valeurs universelles, s'employant activement à relever les « défis globaux du IIIe millénaire » selon les règles d'un « multilatéralisme rénové » tout en invitant les derniers pays déviants à rejoindre sans tarder la normalité libérale et démocratique. Qu'en est-il, en fait ?

Nous attendions beaucoup de la société civile internationale. En réalité, la porosité de ce concept masque les mêmes rapports de forces que dans le monde interétatique. La Chine, par exemple, excelle dans l'art d'infiltrer des ONG dans toutes les rencontres de la « société civile internationale » (les fameuses GONGOs – Government Operated Non Governmental Organizations). Sans compter que cette « société civile internationale » est représentative de ceux qui aimeraient qu'elle ait plus de pouvoirs : sur les 192 pays que compte le monde, près de 130 n'abritent pas d'ONG ; et celles qui disposent de plus de moyens et de relais médiatiques, donc les plus puissantes, sont presque toutes anglo-saxonnes.

Sur le plan économique, notre planète a certes été décompartimentée par la fin des blocs et la disparition des barrières douanières à caractère économique. Elle a connu une croissance régulière et forte grâce au commerce : de 1950 à 2003, les échanges internationaux ont augmenté en moyenne de 6 % par an, et la production de 4 % seulement. Depuis 1975, la part des échanges commerciaux est passée de 8 à 20 % du PIB mondial. Le monde paraît unifié et harmonisé par l'instantanéité des images et des informations, l'effondrement des coûts et le rétrécissement des temps de transport. Si, sans se soucier en rien des questions politiques non résolues ni de l'ampleur des injustices, on se bornait à relever les fantastiques perspectives de croissance mondiale résultant des incommensurables besoins humains encore à satisfaire hors des pays riches, des opportunités illimitées de fusions et d'acquisitions, de l'inépuisable capacité du capitalisme à se régénérer tout en se livrant une guerre intestine sans merci, de l'appétit des firmes mondiales occidentales et autres, sans oublier le gisement de croissance que représentent des décennies à venir de conversion de l'économie suicidaire en économie écologique, on pourrait s'abandonner franchement à l'optimisme. Mais ce serait voir le monde avec des œillères, alors qu'il reste marqué par des disparités sidérales, des antagonismes on ne peut plus enracinés, des incompréhensions et des rancunes tenaces, des volontés de revanche, des peurs réciproques.

Ces lignes de fracture ne passent pas entre le « Nord » et le « Sud », termes qui ne signifient plus rien. Elles passent d'abord entre riches et pauvres. Dans l'ensemble, la pauvreté recule ; mais, çà et là (dans l'ex-URSS, en Afrique, dans certains pays d'Amérique latine), elle a été aggravée par les mesures de libéralisation massive aveuglément prônées par les institutions financières internationales au nom du « consensus de Washington » – expression forgée en 1989 par John Williamson et qui symbolise, aux yeux du Prix Nobel d'économie Joseph E. Stiglitz, le « fanatisme des marchés ». Ce qui est incontestable, c'est le creusement des inégalités visibles et mesurables par l'accroissement massif des revenus spéculatifs des gagnants du jeu : pays, régions, entreprises, individus.

Comme l'explique François Morin dans *Le Nouveau Mur de l'argent*, il y a une profonde déconnexion entre l'économie réelle et la sphère – ou bulle – financière. En 2004, les échanges commerciaux internationaux s'élevaient à 8 téradollars (milliers de milliards), alors que le total des transactions sur les marchés des changes se montait cette année-là à 1 155 téradollars, soit près de cent cinquante fois plus – infiniment plus que les réserves de change de toutes les banques centrales du monde. Tout cela dans un contexte d'opacité des marchés et de concentration des acteurs gestionnaires d'actifs, fonds de pension et *hedge funds* dont les quatre cinquièmes sont domiciliés dans des paradis fiscaux. Il aura fallu moins de dix ans depuis la rencontre de quelques grands banquiers d'affaire à Boca Raton, en Floride, pour que même les inventeurs de cette *dream machine* n'y comprennent plus rien. Pareille « économie casino » fait monter en flèche les plus hauts revenus – 2 % de l'humanité possèdent 50 % du patrimoine des ménages, alors que 50 % en possèdent seulement 1 % –, tandis que 1 milliard d'êtres humains vivent, selon la Déclaration du Millénaire, dans une « misère abjecte », que 854 millions d'individus sont sous-alimentés en 2006 (consommant moins de 1 900 calories par jour), dont 34 millions dans les pays riches.

Les partisans de la globalisation économique prétendent remédier à ces inégalités fantastiques mais n'envisagent l'individu que comme un consommateur indifférencié de biens et de services, ou un entrepreneur jeune et innovant jouant habilement des différences de coûts entre deux continents, sur cette « terre plate », aplatie par la globalisation, pour reprendre le mot du journaliste américain Thomas Friedman, jamais comme le membre d'une communauté politique ou comme un individu enraciné dans une culture. En faveur du libre-échange, on met toujours en avant ce que le consommateur y gagne, jamais ce que le citoyen y perd par dépossession démocratique au profit d'une « gouvernance » aussi vague qu'incontrôlable. Sans même parler des ravages écologiques qu'entraîne cette forme de mondialisation qui n'est pas mesurée ni prise en compte en tant que telle. Encore que des économistes commencent à s'en mêler : en Grande-Bretagne, le rapport de lord Stern a chiffré à 5 500 milliards d'euros le coût du seul réchauffement climatique si rien n'est fait d'ici à dix ans, soit 1 % du PIB mondial chaque année.

Fracture aussi, sur ce plan, entre pays relativement protégés ou, au contraire, exposés aux problèmes écologiques majeurs : ceux d'où seraient chassés, selon Al Gore dans *Une vérité qui dérange*, deux cents millions de réfugiés climatiques du fait de la montée des eaux ; ceux où aucune entrave n'est mise à l'utilisation des molécules chimiques les plus dangereuses pour la santé, à la différence de l'Europe qui s'engage dans le processus REACH (enregistrement, évaluation, autorisation et restriction des produits chimiques) ; où rien n'est fait non plus pour prévenir la pénurie d'air respirable, d'eau potable, de terre cultivable ou habitable, de forêts, de silence, d'espace, de beauté.

Fracture entre les habitants enracinés et sécurisés des trente pays les plus riches et les cent soixante-quinze millions de femmes et d'hommes (3 % de la population mondiale) condamnés chaque année à la migration, à l'errance, et parfois, au bout de leur long et périlleux parcours, à la clandestinité et à l'exploitation.

Fracture aussi, hélas, entre les tenants de telle ou telle civilisation et de telle ou telle autre, même si ce constat fait peur et s'il est nié. Bien sûr, ce ne sont que d'infimes minorités qui, par ignorance, fanatisme pur ou calcul délibéré, jouent la carte de l'affrontement. Dans les pays musulmans il oppose, pour le contrôle de la masse centrale des minorités, les fanatiques fondamentalistes et les modérés modernistes. Bien sûr, il s'agit plus là de chocs d'incultures que de cultures. Mais force est de constater que ce choc des ignorances, se nourrissant de préjugés, de malentendus, de peurs réciproques – inquiétude obsidionale des Occidentaux vis-à-vis des Arabes, voire de l'Islam en général ; volonté de faire payer les ex-colonisateurs ; tout cela attisé jour après jour par la situation au Proche-Orient –, crée peu à peu le risque d'un véritable « choc de civilisations » Islam-Occident qui prolonge l'affrontement majeur en cours au sein de l'Islam entre modernistes et fondamentalistes. Et force est également de constater que ces groupes fanatisés arrivent à entraîner bien au-delà de leur audience traditionnelle : l'Islam est ainsi saisi d'une fièvre de revanche et d'affirmation, en réaction à une occidentalisation forcée, tandis que dans les pays occidentaux des groupes agités, laïcistes, féministes ou droit-de-l'hommistes lancent des appels de plus en plus véhéments à en découdre une bonne fois pour toutes avec ce « fascisme vert », forcément imprégné de terrorisme, qu'est à leurs yeux l'Islam.

Et c'est sans oublier, sous cette tête de chapitre, maints autres problèmes de relations : Islam/Chine, Islam/hindouisme, Islam/orthodoxie, Chine/Inde, Amérique latine/andine/ibérique, etc. L'écho important suscité de toutes parts par de tels discours devrait nous conduire à réfléchir à deux fois à la réponse à y apporter, avant de balayer dédaigneusement d'un revers de main l'idée même d'une telle fracture entre cultures ou civilisations.

Fractures enfin à tous égards entre puissants et vulnérables. Le contraste est saisissant entre les puissants – hyperpuissance américaine, pays riches de l'OCDE (qui disposent de l'opulence, de la force et de la liberté), pays qui émergent comme la Chine, l'Inde, le Brésil, l'Afrique du Sud et le Vietnam, entre autres –, les pays vulnérables – des dizaines – et, en queue de liste, les « pays les moins avancés », les États faillis, décomposés.

Comment réagissent les Occidentaux face à ces obstacles et à ces résistances qui viennent contredire leurs conceptions et contrarier leurs actions ? Dans l'ensemble, aucun doute sérieux ne les effleure quant à la supériorité de leurs valeurs et à leur nécessaire prédominance. Schématiquement, ils hésitent entre une ligne politique dure et une ligne molle, mais bien peu acceptent une approche simplement réaliste.

Il faut cependant introduire ici une distinction entre les milieux économiques, qu'ils soient américains ou européens, et les autres. Ceux-là, par construction, sont bien obligés de se montrer réalistes et voient l'économie globale telle qu'elle se présente aujourd'hui ; à défaut, ils sont balayés. Ils en appréhendent donc les lignes de force, en scrutent les modifications, la modèlent au mieux de leurs intérêts. L'économie s'adapte ainsi en permanence et élargit son hégémonie grâce au mécanisme de la mondialisation, tandis que se poursuit en son sein une compétition permanente débridée, une guerre entre les capitalismes dont le système social européen pourrait bien être la première victime. Elle veut ignorer les réalités humaines, culturelles et politiques qui la gênent.

Les milieux culturel, médiatique et même politique croient, pour leur part, concevoir la planète telle qu'ils voudraient qu'elle soit, sans que la sanction de la réalité n'intervienne jamais. Ils projettent leurs conceptions sur le monde extérieur et peuvent s'abandonner durablement à un narcissisme que le système médiatique encourage et entretient, sans avoir à subir les conséquences de leur idéalisme. Ce sont leurs pays qui en paient le prix.

Traumatisés par l'effondrement mondial de leur cote de sympathie, que révèlent les sondages de l'institut Pew[1], les Américains se sont d'abord durcis face aux obstacles. Réaffirmation intransigeante de leurs valeurs, de leur prééminence, de leur exceptionnalité, de leur droit à lancer, si leur sécurité l'exige, des actions préventives. Cette ligne dure, qui ne se résigne pas à ce que l'Occident perde le monopole de la conduite des affaires du monde, est soutenue bien au-delà des rangs des néoconservateurs américains, y compris en Europe et jusqu'au sein de la gauche. Rarement elle est exprimée avec franchise, mais elle est très présente. Elle consiste à penser en termes de « bloc occidental », notamment face à l'Islam, à la Russie et à la Chine. À se montrer intransigeants. À vouloir, comme le dit Brejzinski des États-Unis, plus de sécurité que les autres. À être offensifs dans la propagation de nos « va-

---

1. Entre 2000 et 2006, la cote de sympathie pour les États-Unis est passée de 83 à 56 % en Grande-Bretagne, de 62 à 39 % en France, de 78 à 37 % en Allemagne, de 52 à 12 % en Turquie, de 75 à 30 % en Indonésie, etc.

leurs » démocratiques et dans la défense des droits de l'homme. À n'écarter a priori aucun moyen, y compris militaire défensif, dissuasif et même offensif. C'est dans cette logique que d'aucuns n'ont pas renoncé à transformer l'OTAN en une « alliance des démocraties », armée et combative, en l'élargissant au Japon, à l'Australie, à la Corée du Sud, à Israël, et en la poussant à s'engager hors de sa zone ordinaire d'opérations comme c'est actuellement le cas en Afghanistan.

Mais cette ligne se heurte aux réalités.

Réalités stratégiques, d'abord : après la déroute des républicains aux élections du *midterm*, en novembre 2006, conséquence du fiasco irakien, le président Bush s'est cru obligé de se dire pragmatique (!) et ouvert à toutes suggestions. En fait, les démocrates, qui ont presque tous voté la guerre en Irak, n'ont pas de politique alternative. Peut-être devront-ils regretter d'avoir gagné trop tôt.

Réalités économiques, ensuite : sur ce plan, l'apparition de nouveaux acteurs – pays émergents, entreprises mondiales basées en

Inde, en Chine, au Brésil, en Afrique du Sud – est en train de modifier l'équation de la globalisation qui était censée consolider par nature l'hégémonie occidentale, et non la remettre en cause. En 2006, on dénombre déjà 39 entreprises mondiales chinoises (Pékin souhaite en compter une cinquantaine d'ici à 2010), 19 indiennes, des russes et des brésiliennes parmi les 500 premières, sans compter celles qui se développent en Afrique du Sud et au Mexique. Les pays émergents réalisent d'ores et déjà 15 % des fusions-acquisitions mondiales, et 37 % des investissements étrangers. Voilà qui suscite des réactions crispées : aux États-Unis, des inquiétudes se font jour face à la croissance des exportations chinoises. Constant depuis des décennies, le soutien américain au libre-échange, qui a remodelé le monde, s'érode. Sur les 14 sièges de sénateurs renouvelables cette année, 12 ont été gagnés par des démocrates critiques vis-à-vis du libre-échange. Les représentants ou sénateurs d'États industriellement menacés envisagent des mesures de protection, jusqu'à présent demeurées sans suite, les républicains et les démocrates clintoniens continuant à croire aux vertus (pour les États-Unis...) du libre-échange. Par ailleurs, le pouvoir que peut conférer à la Chine l'ampleur de ses créances sur le Trésor américain – plusieurs centaines de milliards de dollars – ne laisse pas de préoccuper Washington, qui n'arrive toujours pas à savoir au juste comment traiter la Chine : en partenaire (Clinton), en concurrent stratégique (Bush), ou encore en terre de mission pour les droits de l'homme (les médias, les ONG).

L'opinion européenne, elle, est beaucoup plus inquiète que dans les années qui suivirent la chute du Mur. Elle voit bien que le monde n'est pas la « communauté » internationale promise. Elle réagit de façon contradictoire, suit une ligne molle et indéfinie en voulant plus de sécurité mais en réaffirmant dans le même temps ses « valeurs » et son *soft power*. Pas au point cependant de ne plus vendre d'Airbus à la Chine ni de refuser d'acheter du pétrole aux pays arabes ou du gaz aux Russes. Elle croit s'en sortir en proclamant sa volonté de placer l'éthique au centre de sa politique étrangère et d'être ainsi protégée des menaces anciennes et nouvelles. Mais la combinaison de ces principes reste bien incertaine, et on repense aux moralistes kantiens que fustigeait Péguy : « Ils ont les mains pures, mais ils n'ont pas de mains. » Cette contradiction entretient un sentiment confus de désarroi parmi les populations européennes et leurs élites.

*

* *

En définitive, au paroxysme de leur assurance et de leur zèle missionnaire, si les Occidentaux (environ un milliard d'hommes seulement sur six milliards et demi) refusent de voir, depuis l'Olympe où ils pensent se situer, qu'ils ont perdu le monopole de l'Histoire du monde, ils vont rencontrer des difficultés croissantes à faire valoir leurs idées, et même à défendre leurs intérêts.

En revanche, s'ils adoptent une ligne à la fois réaliste et ferme, consistant à formuler leurs intérêts puis à les négocier au mieux au sein de l'ONU et dans toutes les autres organisations, avec les nouvelles puissances émergentes et l'ensemble des partenaires du système multilatéral, comme c'est déjà le cas au sein de l'OMC ; s'ils consentent à user de toutes les ressources d'une vraie politique étrangère, ils préserveront alors durablement leur influence – qui reste immense – dans le monde, d'autant plus s'ils savent l'utiliser intelligemment.

Le rapport Baker-Hamilton sur l'engagement militaire américain en Irak a récemment proposé un de ces sursauts réalistes. Quelles qu'en soient les suites aux États-Unis, au-delà du rejet immédiat par l'administration Bush, les Européens devraient s'inspirer de la démarche et embrayer sur elle : commencer par regarder le monde tel qu'il est, puis se mettre d'accord entre eux sur leur projet.

II

Un monde meilleur, comment ?

Dénoncer des illusions trompeuses n'est pas renoncer à l'objectif. Mais ce monde meilleur, plus juste et plus sûr, comment l'y atteindre ?

Dans l'idéal, comme le proclament les déclarations de l'ONU, il « faudrait » à l'évidence que tous les hommes et les femmes voient leurs droits respectés, qu'ils puissent s'épanouir et mener une vie heureuse, que tous les habitants de cette planète aient le sentiment d'appartenir à une même communauté, sans qu'aucune différence ne justifie rejets ni mauvais traitements, que tous ensemble ils pensent à l'avenir et relèvent les

« défis globaux » dans l'intérêt de l'humanité future : il faudrait extirper la pauvreté ; enrayer le réchauffement climatique ; remplacer les molécules chimiques les plus dangereuses pour la santé humaine ; lutter contre les pénuries (d'air pur, d'eau potable, etc.) ; prévenir ou traiter les grandes pandémies ; gérer dans de bonnes conditions les mouvements croissants de populations ; empêcher la prolifération des armes de destruction massive ; résorber l'économie illégale et rendre impossible le crime organisé ; lutter contre le nivellement et pour la diversité culturelle ; contrer le terrorisme ; empêcher le « clash des civilisations » ; etc.

Hormis ceux qui veulent asseoir la domination d'un groupe particulier sur un autre, ou ceux qui sont mus par un pur fanatisme, qui ne souscrit à de tels objectifs ? Mais comment y parvenir ? Pour beaucoup d'hommes des XIXe et XXe siècles, l'avenir de l'humanité passait par la mise en œuvre d'idéologies totalitaires. Elles auront mené à la débâcle, aux camps et aux charniers. Mais plus de soixante ans après la fin de la

Seconde Guerre mondiale, près de trente ans après le grand tournant « capitaliste » de Deng Xiaoping en Chine, dix-huit ans après la chute du Mur, qu'en est-il ?

L'idéologie désormais dominante et quasi exclusive est celle de l'économie de marché. Ses partisans estiment à juste titre qu'aucun autre système économique depuis la nuit des temps n'a permis, comme elle, de produire assez de biens de consommation pour espérer sortir l'humanité de la pénurie. À la question : « L'économie de marché est-elle la bonne formule ? », tous les peuples des pays développés ou émergents répondent, en 2006, « oui » à des taux allant de 52-55 % (les Européens) à 78 % (les Chinois), les Français étant les seuls parmi les pays développés à n'acquiescer qu'à 36 %, ce qui explique d'ailleurs bien des aspects déroutants de la vie politique française...

Les libéraux dogmatiques en concluent que l'économie de marché est la seule façon de déterminer ce qui est bon ou mauvais pour les sociétés, dans tous les domaines, à court et à long terme. Mais l'économie dérégulée, mondialisée et financiarisée des vingt-cinq dernières années n'a plus rien à voir avec l'ancienne économie mixte ni avec le bon vieux capitalisme rhénan. Cette nouvelle économie assure sa rentabilité en se défaussant sur la société de la plus grande part des coûts sociaux, humains, environnementaux et patrimoniaux, à court et long terme, de son propre fonctionnement. De Stiglitz à Peyrelevade, les cris d'alarme ne manquent pas pour dénoncer ses folles dérives. Si ces coûts, aujourd'hui externalisés, étaient pris en compte dans les bilans et les comptes des entreprises, les conditions de la rentabilité et du profit changeraient du tout au tout, mais le marché deviendrait du coup un indicateur vraiment global et sûr. Nous n'en sommes pas là, et la vague libérale conçue par Milton Friedman puis propagée dans le monde il y a près de trente ans par Ronald Reagan et Margaret Thatcher, plaçant sur la défensive les étatistes et même les régulateurs modérés, n'est pas près de retomber, tant les peuples émergents, notamment en Asie, en redemandent ! Ainsi va la libéralisation de l'économie mondiale des quinze, vingt dernières années, depuis la fin de l'URSS en 1991, avec la transformation des accords du GATT en OMC en 1995, l'augmentation régulière du nombre de membres de celle-ci – cent cinquante à la fin 2006, avec l'adhésion du Vietnam –, une croissance du commerce beaucoup plus forte que celle de la production, et celle, encore plus marquée, de la spéculation acrobatique sur les produits dérivés.

Mais cette gestion du monde par le seul marché suscite frustrations et vives résistances. Une fraction grandissante des opinions européenne, latino-américaine, africaine ou autres voit plus les inégalités qu'elle aggrave et les dégâts sociaux, écologiques et politiques qu'elle entraîne ou qu'elle ne sait empêcher que l'enrichissement global qu'elle génère.

Au sein de la gauche mondiale – moyennant d'infinies nuances, des sociaux-démocrates nordiques aux mouvements altermondialistes en passant par les socialistes français –, la nécessité d'une meilleure organisation du monde est un sentiment largement partagé. Il convient néanmoins de distinguer ceux qui contestent l'économie de marché et ses fondements pour des raisons sociales, écologistes, voire philosophiques, et qui voudraient lui opposer une alternative qui reste à définir, de ceux qui, tout en acceptant ses principes de base, veulent l'encadrer par plus de règles, même s'ils divergent sur la marche à suivre.

Le mouvement altermondialiste, pour sa part, hésite encore devant la question de l'économie de marché. Depuis son acte de naissance médiatique en 1999, à Seattle, où il fut connu alors sous le nom d'« antimondialisme », le message a évolué au gré de grandes rencontres mondiales (Porto Alegre, Gênes, création du Forum social mondial, etc.) d'une opposition plus ou moins frontale à l'économie de marché à la quête d'une alternative, sous le slogan fédérateur qu'« un autre monde est possible ». Bien qu'elles ne soient pas vraiment neuves, les objections soulevées y sont souvent pertinentes. S'inspirant dans l'ensemble des critiques bien établies du système capitaliste, les altermondialistes pointent ses contradictions internes, se révoltent contre la faible prise en compte des aspects sociaux et environnementaux, dénoncent les « eaux glacées du calcul égoïste », source d'antagonismes, de rivalités et de conflits. Comment ne pas être sensible à leur constat, voire d'accord avec certaines de leurs propositions ? Mais la coalition hétéroclite que constitue ce mouvement est hors d'état de formuler une alternative, déchirée qu'elle est entre des composantes aux intérêts distincts, et d'autant plus qu'elle se laisse souvent entraîner par un esprit de système qui l'empêche d'envisager plus objectivement les capacités d'évolution et les marges de réforme du monde actuel.

Les promoteurs de la régulation de la mondialisation par le commerce organisé, qui occupent une place intermédiaire entre les libéraux dérégulateurs purs et durs (répétons que la mondialisation est une dérégulation) et les régulateurs dirigistes, acceptent l'économie de marché mais estiment qu'elle peut et doit obéir à des règles. Que ce soit dans l'entreprise (*corporate governance*), au sein de chaque pays (réglementations diverses), à l'intérieur du grand marché européen (règles de la concurrence) ou international (dans le cadre de l'Organisation mondiale du commerce). À la direction générale de l'OMC, Pascal Lamy incarne avec talent cette synthèse et place ses espoirs dans une plus grande cohérence des diverses organisations multilatérales.

Toutefois, la régulation qu'ils jugent nécessaire n'est pas tant celle des États que celle d'organismes supranationaux ou indépendants (indépendants des États, s'entend). Il s'agit de mettre en place une « gouvernance » – ou plutôt une *governance* – de la mondialisation, avec ses déclinaisons : « bonne gouvernance », *corporate governance*, etc., soit un ensemble de règles anglo-saxonnes propres au gouvernement d'entreprise, auxquelles devraient se conformer tous les pouvoirs politiques et économiques, y compris les États. Cela n'est pas sans poser un redoutable défi démocratique. Par exemple, l'Accord multilatéral sur l'investissement, stoppé par Lionel Jospin en 1999, dessaisissait les États de prérogatives importantes au profit des entreprises, et imposait aux États d'« accepter sans condition de soumettre les litiges à l'arbitrage international », ce qui remettait en cause leur privilège de juridiction, attribut essentiel de la souveraineté, en les plaçant sur le même plan que les entreprises.

Ce qui est frappant et qui se révèle problématique, avec la « gouvernance », c'est que les règles édictées par ces panels d'experts, ces gendarmes corporatistes, ces organes techniques d'autorégulation, etc., débordent vite le seul cadre du marché des biens et services qu'elles sont censées régir. Ainsi le droit de la concurrence au sein du grand marché européen, tel qu'il est interprété par la Direction générale de la concurrence de la Commission et par la Cour de justice, influence de proche en proche le fonctionnement économique, les règles sociales et la vie des sociétés des États membres. De même, la jurisprudence commerciale de l'OMC, à travers son Organe de règlement des différends et surtout les accords de libre-échange, façonne la vie du monde bien au-delà du domaine du commerce. Ceux qui croient en la pacification des mœurs par le « doux commerce » de Montesquieu, dont « l'effet naturel est de porter à la paix », se réjouissent d'une telle évolution, s'enthousiasment devant ces centaines d'accords commerciaux signés depuis les premiers GATT, et voient dans la part grandissante de la croissance mondiale tirée du commerce la promesse d'un avenir de félicité pour l'humanité, et dans l'échec quasi assuré du cycle de négociations multilatérales dit de Doha une vraie catastrophe. La « communauté internationale » s'était d'ailleurs empressée de lancer ce cycle en 2001, juste après les attentats du 11 septembre, précisément pour envoyer au monde ce message d'une confondante naïveté, à savoir que les terroristes ne gagneraient pas.

Paradoxalement, du moins en apparence, certains militants altermondialistes et certains partisans de la « gouvernance » se rejoignent lorsqu'ils vont jusqu'à caresser l'idée d'un gouvernement mondial. On ne peut que s'étonner qu'un concept qui recèle un potentiel totalitaire aussi évident puisse séduire qui que ce soit dans les rangs de la gauche précisément antitotalitaire ! Quel gouvernement mondial, pour faire quoi, désigné par qui, composé de qui, contrôlé par qui ? Et s'il devenait répressif, sur quelle Lune se réfugieraient ses opposants ? Ces questions ne sont pas posées. À moins qu'il ne s'agisse, synarchie réinventée, du secrétaire général de l'ONU et des directeurs généraux de l'OMC et du FMI ? Ou de ce G8 dans lequel les altermondialistes, cherchant un lieu où se rassembler pour manifester, avaient feint de voir, dans un hommage aussi paradoxal qu'erroné, le directoire du monde ?

De toute façon, cela ne se fera pas. Les forces à l'œuvre à travers le monde sont telles qu'elles ne sauraient être maîtrisées par une « gouvernance » quelconque ni par l'« hyperpuissance » américaine. Personne, aucune organisation ne contrôle ni ne contrôlera l'ensemble. Sauf le marché, mais c'est justement ce qui pose problème.

Ceux qui veulent améliorer l'état du monde mais ne veulent pas s'en remettre au seul marché, qui doutent ou se défient des chimères du type « gouvernement mondial », qui s'inquiètent devant la dépossession démocratique que risque d'entraîner la « gouvernance », reportent donc leurs espoirs sur le « multilatéralisme ». La fameuse Déclaration du Millénaire se conclut d'ailleurs par un chapitre VII, « Renforcer l'ONU », où il est question d'en faire un « instrument plus efficace », d'améliorer la coopération entre l'ONU, institutions de Bretton-Woods (Banque mondiale et FMI) et l'OMC.

Le multilatéralisme a pour mots d'ordre et lettres de noblesse d'impliquer le refus du nationalisme étriqué et de l'unilatéralisme qui est son prolongement extérieur, et d'accepter par principe la coopération internationale. Ces dernières années, l'unilatéralisme brutal et provocant de l'administration Bush a fait apparaître, par contraste, surtout après le fiasco irakien, le multilatéralisme comme plus attrayant encore. Mais cette méthode constamment invoquée souffre de sérieuses faiblesses, généralement occultées par ses défenseurs, qui ont tendance à idéaliser l'ONU et les cent vingt-six organisations, commissions et conventions spécialisées qui en procèdent, ainsi que les institutions de Bretton Woods et l'OMC. Le multilatéralisme consiste en ce que les États membres de telle ou telle organisation décident ensemble à l'unanimité ou à la majorité, selon les cas. C'est évidemment lourd et laborieux quand ces organisations comptent de 150 (OMC) à 192 membres (ONU). Le phénomène, déjà, se fait singulièrement sentir au sein de l'Union européenne à 27. Il en va de même au sein des organisations spécialisées, sauf au FMI où le système de vote est différent. La négociation multilatérale est donc intrinsèquement compliquée par le nombre des États participants (on a assisté depuis quarante ans à une prolifération de la souveraineté) et, dans certaines instances, par la règle du consensus. Cette règle est certes très contraignante, mais on ne peut priver un État de son droit de veto s'il n'y a pas consenti au préalable !

Tout cela est connu. Mais que propose-t-on en général pour corriger ces handicaps ? Que les États transfèrent ou abandonnent encore plus de leur souveraineté. Or, ils sont déjà affaiblis, pour la plupart d'entre eux, par la mondialisation économique, qui leur échappe, mais aussi parce qu'ils se sont volontairement dessaisis d'une grande partie des pouvoirs qui leur restaient pour s'adapter à cette même mondialisation afin de complaire au consensus de Washington, aux marchés ou aux investisseurs étrangers – du moins est-ce le cas de la majorité, celle des plus ingénus ou des plus faibles, assurément pas celui des États-Unis ! S'y ajoute la pression exercée sur les États par les médias, l'opinion, les ONG, parfois utiles aiguillons (exemple : l'accord sur les mines antipersonnel), mais aussi facteurs de paralysie. Au total : des États très affaiblis, même quand ils coopèrent, et le risque que le multilatéralisme tant vanté ne se révèle une mutualisation des impuissances.

Paradoxe : c'est donc ceux qui attendent le plus du système multilatéral, les Occidentaux favorables à la régulation, qui en ont le plus affaibli les éléments constitutifs : les États. On comprend bien pourquoi, à l'origine, il était utile de réduire le pouvoir excessif de ceux-ci, évidemment celui des États totalitaires et répressifs, mais aussi celui des États bureaucratiques et étouffants, de l'encadrer et de le soumettre à la loi et au droit et de les dynamiser par le marché. Mais, aujourd'hui, à quelques exceptions près, le monde souffre plutôt de l'impuissance des États que de leur excès de puissance. Les États en développement auraient besoin d'États démocratiques forts et capables, pas seulement d'une société civile ou d'un marché. Si l'on n'y remédie pas, le recours au multilatéralisme pourrait apparaître comme un leurre, une défausse commode (si rien de sérieux ne peut plus être fait au niveau national, comme on le répète, plus aucun gouvernement n'est responsable de rien), un mécanisme impuissant. D'où un décalage croissant entre ce que l'on attend du système multilatéral et ce qu'il peut produire.

J'ai déjà rappelé l'impossibilité d'adopter des conclusions à l'issue du sommet de

Durban et les objectifs à l'évidence inaccessibles de la Déclaration du Millénaire. À cela s'ajoutent la douzaine de grands sommets de l'ONU qui se sont tenus en dix ans sans résultat notable ; le fait que la dernière décision unanime du Conseil de sécurité à avoir été suivie d'effet remonte à la guerre du Golfe de 1991 ; le fait que le cycle de Doha de négociations commerciales multilatérales lancé en 2001 dans le cadre de l'OMC n'aboutisse pas ; le fait que le rôle du FMI décline, faute de besoins (mais cela, c'est plutôt une bonne nouvelle !) ; le fait que le rôle et les politiques contradictoires et successives de la Banque mondiale soient controversés ; le fait que les vingt-sept États membres de l'Union européenne – en attendant trente-cinq ou plus – peinent à s'entendre ; le fait que le traité de non-prolifération nucléaire (TNP) soit ouvertement bafoué ou contourné... Ah, vive le multilatéralisme !

Le découragement peut saisir devant ces cauchemardesques réunions de copropriétaires qui n'ont pas de fin ! Mais si l'on ne se résigne pas à cette impuissance, et encore moins à l'« hyperempire » hors sol du

Marché que Jacques Attali, dans sa *Brève Histoire de l'avenir*, voit annihiler les États et les démocraties territoriales, il ne faut surtout pas abandonner le système multilatéral, mais le relégitimer et le rendre plus efficace.

*
* *

Réformer l'ONU n'est pas une mince affaire, et on ne compte plus les rapports qui ont proposé d'y procéder, sans grand résultat. Rappelons qu'en 1919 pour la SDN, et en 1945 pour l'ONU, ce sont les vainqueurs qui ont fixé les conditions et le contenu des Chartes. Même si celle de l'ONU commence pompeusement par « Nous, peuples des Nations unies [1] », elle a été rédigée pour l'essentiel par les juristes du département d'État américain avant que les Britanniques, les

---

1. Le préambule se poursuit ainsi : « [...] résolus à préserver les générations futures du fléau de la guerre qui, deux fois en l'espace d'une vie humaine, a infligé à l'humanité d'indicibles souffrances, [...] à pratiquer la tolérance, à vivre en paix l'un avec l'autre dans un esprit de bon voisinage [...] ».

Français, les Chinois et les Soviétiques, dans un premier temps, puis les quarante-sept autres pays signataires, dans un second temps, ne soient associés à sa négociation. Rien à voir avec le fait d'obtenir, dans les années 2000, l'accord des cinq membres permanents du Conseil de sécurité solidement installés (États-Unis, Russie, Chine, Royaume-Uni, France) et des deux tiers d'une Assemblée générale de cent quatre-vingt-douze membres pour amender la Charte de l'ONU ! Même s'il y a bien eu, à l'issue de la guerre froide, un vainqueur et un vaincu, il n'y a pas eu d'« après-guerre » au sens de ce que l'on vit après 1945, et la Russie, comme les États-Unis, dispose toujours de leur droit de veto.

Kofi Annan, secrétaire général de 1997 à 2006, a néanmoins eu un certain mérite à essayer de réformer les principales institutions de l'ONU, à commencer par le Conseil de sécurité. Inutile de rêver à la fin du statut de membre permanent et du droit de veto : d'abord parce que ces dispositions furent introduites dans la Charte de l'ONU après qu'on eut analysé les lacunes de la SDN et les causes de son échec ; ensuite parce que, s'il n'y avait plus de statut de membre permanent ni de droit de veto, les principaux membres permanents actuels quitteraient l'ONU. Ce qui s'est dit à ce sujet à Yalta entre Roosevelt, Churchill et Staline reste valable. L'ONU serait pour le coup un forum impuissant. Quant à l'idée d'un siège européen unique pour les vingt-sept, elle reviendrait à perdre les deux sièges français et britannique pour un seul représentant européen condamné dans neuf cas sur dix à l'abstention faute d'avoir obtenu à temps l'accord des vingt-sept.

Ces fausses solutions écartées, il devrait être possible soit de créer cinq ou six membres permanents nouveaux, avec droit de veto (Japon, Inde, Allemagne, un Latino-Américain, un Africain et, selon moi, un Arabe ; les trois derniers par roulement au sein de leur zone), malgré les oppositions conjuguées de divers membres permanents actuels et de pays voisins jaloux, soit de nouveaux membres permanents sans droit de veto (s'ils acceptent). Créer de nouveaux membres non permanents est possible, et le

Rapport des sages élaboré en 2004 l'a proposé, mais c'est là un palliatif. Le droit de veto lui-même pourrait être encadré. Des propositions en ce sens ont été faites : deux ou trois vetos seraient nécessaires sur certains sujets ; le veto ne serait valable qu'un certain temps. Pour concilier souveraineté et urgence humanitaire, j'ai suggéré que son exercice puisse être suspendu pour un temps limité (trois à six mois, renouvelable une ou deux fois) s'il s'agit de porter secours à une population décrétée en danger imminent par un aréopage mondial à déterminer. L'ONU s'est pour le moment arrêtée à la notion de « responsabilité de protéger ». Plusieurs membres permanents ne veulent pas entendre parler de changements aussi conséquents, mais il faut que le projet existe, vive, soit connu et défendu pour que l'occasion d'un contexte nouveau (un nouveau Roosevelt ? un nouveau Clinton ?) puisse être saisie. D'ici là, il faut agir de façon à rendre de plus en plus coûteux politiquement pour les États-Unis, la Russie ou la Chine, de s'opposer à des réformes dont la nécessité est évidente.

Plusieurs autres réformes du système onusien sont souhaitables[1]. La *Commission des droits de l'homme*, qui avait perdu toute crédibilité, a été en partie réformée en 2005, mais n'a guère convaincu depuis lors. C'est peut-être son principe de base qui est biaisé. En revanche, le rehaussement du *Conseil économique et social* pourrait en faire un lieu d'arbitrage supérieur et d'harmonisation des grandes décisions en matière de commerce, mais aussi de droit du travail et d'écologie (entre l'OMC, l'OIT et une Organisation mondiale de l'Environnement [OME] à créer). La réactivation du *Conseil des tutelles*, chargé de superviser pendant le temps nécessaire le rétablissement des États faillis, permettrait de ne pas le laisser à la discrétion de la puissance régionale la plus proche. Nous avions également envisagé avec Henri Nallet un Conseil consultatif mondial de la société civile qui se réunirait chaque année et adresserait vœux et questions à l'Assemblée générale.

---

1. J'ai fait en 2004, avec Henri Nallet, des propositions sur tous ces points : *cf.* « Multilatéralisme : une réforme possible », fondation Jean-Jaurès.

Qui en ferait partie ? Il existe des ONG très crédibles, d'autres qui le sont peu, ou pas du tout. Mais toutes les institutions multi-latérales ont élaboré leurs propres critères de représentativité dont une synthèse est possible.

D'autres améliorations peuvent être appor-tées aux statuts ou au fonctionnement des insti-tutions de Bretton Woods. Au FMI, les États-Unis disposent de 17,08 % des droits de vote, le Japon de 6,13 %, l'Europe des Vingt-cinq, de 32 % (Allemagne : 5,99 %, France : 4,95 %), ce qui fait 45 % des droits de vote pour le G7. En septembre 2006, les faibles droits de vote de la Corée du Sud et de trois émer-gents (Chine, Mexique, Turquie) ont été relevés. Les droits de vote sont proportion-nels à la part de capital détenue. Quarante-trois pays africains ne disposent que de 4,4 % des droits de vote. Une réforme plus importante des quotes-parts et des droits de vote devrait intervenir pour faire une plus large place aux pays émergents et en dévelop-pement.

La création d'une Organisation Mondiale de l'Environnement (OME) ou encore Organisation des Nations unies pour l'environnement (ONUE) est réclamée depuis des années par les Européens et la gauche mondiale. Dès la conférence de Rio en 1992, la France avait porté cette proposition, relancée notamment par Lionel Jospin en 2001, de même que par Jacques Chirac au Sommet de la Terre de Johannesburg en 2002 et à nouveau en février 2007. Ses contours ne sont pas bien définis, mais ses fonctions devraient lui permettre d'être un forum de négociations permanent sur les questions environnementales, un interlocuteur clairement identifié, crédible pour les autres institutions multilatérales (FMI, Banque mondiale, OMC), de disposer des ressources et de l'expertise suffisantes pour surveiller l'application des différents accords multilatéraux sur l'environnement (Kyoto, etc.), de reprendre les activités du PNUE (Programme des Nations unies pour l'environnement) et du Fonds pour l'environnement mondial (surveillance, formation, aide aux pays en développement, etc.) et de diverses conventions spécialisées.

En matière nucléaire, un nouveau traité de non-prolifération paraît nécessaire. Il s'agirait de régler, entre autres, la question du retrait – comme la Corée du Nord, qui l'a fait, et l'Iran, qui menace de le faire –, celle des non-signataires (Israël, Inde, Pakistan), et de préciser les conditions des transferts de technologies et de la mise en œuvre de programmes de nucléaire civil. En somme, il s'agirait de rendre un tel traité plus réaliste, plus incitatif pour le nucléaire civil, plus dissuasif pour le nucléaire militaire.

Toutes ces réformes tendent à rendre plus légitime et plus efficace le système multilatéral. À condition de dissiper d'emblée une ambiguïté – il faut dire et redire que ces organisations ne peuvent et ne doivent, sauf délégation expresse, se substituer globalement aux gouvernements de leurs États membres ; le recours à la force est en principe réservé au Conseil de sécurité dans le cadre du chapitre VII de la Charte ; le traitement des crises financières internationales, au FMI ; l'Union européenne constitue un cas à part. Ces organisations dessinent le cadre dans lequel les gouvernements négocient et s'accordent sur un programme ou une action.

Pourquoi énoncer de telles évidences ? Parce qu'une partie de l'opinion européenne, entraînée par sa vision angélique du monde, perçoit trop le système multilatéral comme une entité en soi, supranationale, une instance d'appel, un recours supérieur contre les États égoïstes, etc. En fait, le système multilatéral, c'est nous, tous ensemble. Les secrétariats, les directeurs généraux et leurs équipes ne peuvent faire grand-chose par eux-mêmes sans se heurter très vite à un problème de légitimité. De même, l'expression « architecture internationale » est trompeuse : il n'y a pas d'« architecte » ! Rien de cela n'est ordonné par un cerveau central.

Le décalage entre les vœux des institutions multilatérales et la réalité est à la fois constant et visible. Le G7, devenu G8, ne repose sur aucun texte mais tire son importance (même si elle est exagérée par les médias) de la pratique de la rencontre

annuelle des dirigeants des grands pays indus-
trialisés – la Chine et l'Inde exceptés, cependant. Des réflexions ont été menées sur ce que
serait le vrai groupe des nations leaders : elles
tournent autour d'une synthèse entre Conseil
de sécurité (élargi), G7-G8 (élargi) et Comité
monétaire et financier international (ex-
Comité intérimaire). Ce qui donnerait ce que
Jacques Delors a appelé un « Conseil de sécurité économique ».

Il est clair que de profondes réformes des
institutions multilatérales, à défaut d'une
révision complète, seraient nécessaires ; en
effet, tant que ce n'est pas fait, les marchés
sont seuls à gérer le monde selon leur
optique à court terme, rien ou presque ne
vient les brider.

Friands de slogans, les Français placent
leurs espoirs dans un monde « multipolaire »
sans que sa composition, les relations entre
ses pôles, leurs rapports avec le système multilatéral soient précisés. Nous sommes censés
retrouver dans ce monde un rôle à notre
mesure, échapper a l'étouffant système uni-
polaire américain sans tomber pour autant

dans les lourdeurs paralysantes du système multilatéral, exercer une influence décisive au sein d'un pôle européen fort. Mais si l'influence de la France se trouve battue en brèche au sein d'une Europe aboulique, et que ce monde multipolaire se constitue ainsi sans nous, ce schéma ne présente plus beaucoup d'avantages pour nous ! D'autant que rien ne garantit que ce système soit stable et qu'il n'y en aille pas de l'équilibre des pôles comme, naguère, de l'équilibre des puissances, avec alliances changeantes et guerre des pôles... Il faudrait aussi clarifier cette question : est-ce que ce monde multipolaire est d'ores et déjà une évidence que l'on se borne à constater – avec l'émergence de la Chine, etc., –, ce qui est la thèse du président Chirac, alors, le prôner n'est-ce pas faire preuve d'agressivité envers les Américains, qui détestent ce concept ? ou bien s'agit-il d'un projet que l'on s'attache à promouvoir activement avec le Brésil, la Russie, l'Inde, la Chine, l'Afrique du Sud et d'autres ? Dans l'un et l'autre cas, ce monde multipolaire pourrait trouver sa représentation au sein d'un Conseil de sécurité élargi. En attendant, ce qui frappe, c'est par-dessus tout le développement des relations directes entre Asie centrale, Asie de l'Est, Inde, Amérique latine, Moyen-Orient et Afrique, pour des raisons énergétiques ou autres, qui ne transitent ni par les États-Unis ni par l'Europe : ce monde multipolaire-là ne doit rien à nos plans !

Ce que le camp multilatéraliste et réformiste devrait en tout cas comprendre, c'est que ce n'est pas en continuant à affaiblir et à délégitimer les États qu'on améliorera la marche du monde. Examinons sous cet angle quelques actions à mener pour relever les fameux défis globaux.

En matière écologique, le traité de Kyoto est une obligation que les États membres s'assignent à eux-mêmes devant leurs opinions publiques nationales. L'effort pour atteindre les objectifs fixés reposera sur les actions incitatives ou contraignantes des gouvernements, ainsi que sur les découvertes des chercheurs, sur le calcul des entreprises qui comprendront que la conversion (au sens technique du terme) à l'écologie sera pour elles source de croissance. Même remarque à propos d'une souhaitable directive REACH mondiale, et pas seulement européenne, qui organiserait l'évaluation systématique des conséquences sur la santé publique de l'emploi des molécules chimiques et notamment des pesticides, et le remplacement des plus dangereuses pour enrayer ce que la grande revue médicale *Lancet* a appelé une « pandémie des pathologies liées aux produits chimiques ».

S'agissant de la pauvreté, au-delà de l'aide d'urgence gérée par le PAM (le Programme alimentaire mondial, qui nourrit plus de soixante millions de personnes), elle reculera, vérité d'évidence, non grâce à l'aide, mais sous l'effet de l'enrichissement (s'il est à peu près bien réparti), c'est-à-dire par de bonnes politiques économiques nationales de développement et de croissance menées en coopération avec les pays riches. C'est ainsi que l'on pourra gérer humainement les mouvements migratoires, qui ne peuvent que croître au cours des prochaines décennies. Dans nombre de pays en développement, le manque d'un État suffisamment structuré pour assurer un minimum de sécurité, de solidarité sociale et de sentiment d'appartenance nationale est un handicap beaucoup plus grand que l'hypertrophie bureaucratique qui s'y trouve souvent dénoncée.

De même, la lutte contre les grandes pandémies reste vaine si les alertes de l'OMS ne sont pas relayées dans chaque territoire concerné par des États organisés, des gouvernements résolus, des administrations capables et des opinions informées. Il en va ainsi également de la lutte contre toutes les formes d'économie illicite : celle de la drogue – qui, selon l'ONU, représente environ 500 milliards de dollars par an –, du crime organisé, du trafic d'êtres humains, du blanchiment de l'argent sale – estimé par le FMI à un montant compris entre 2 et 5 % du PIB mondial –, etc. Elle suppose des policiers, des douaniers, des juges, des fonctionnaires divers, nationaux (ou européens), formés à travailler ensemble.

Le refus du nivellement culturel mondial, la défense de la diversité et des identités culturelles (et, devrait-on dire, linguistiques) peuvent s'appuyer sur des instruments juridiques internationaux qui ménagent pour la culture une exception aux lois générales du commerce et préservent, de ce fait, les chances de la diversité : c'est le but de la Convention sur la protection et la promotion de la diversité des expressions culturelles, approuvée à l'Unesco par cent quarante-huit pays, le 20 octobre 2005, sur proposition de la France ; mais elle repose, pour sa partie constructive, sur l'action législative, réglementaire et fiscale de chaque gouvernement, et n'est rien en elle-même sans la contribution des créateurs et artistes et sans l'effort des industries culturelles.

La réponse au « clash des civilisations » se présente différemment. Pour ceux qui croient qu'il ne s'agit là que d'une théorie nuisible ou d'une prophétie « autoréalisatrice », il suffirait de la dénoncer du haut d'une chaire pour qu'elle disparaisse comme par magie de la surface du globe et cesse d'être brandie tel un étendard à tous les ralliements belliqueux, ou encore de l'extirper à coups de « dialogues des cultures », ce à quoi les institutions multilatérales se prêtent bien. Mais, pour ceux, dont je fais partie, qui pensent que c'est hélas une menace bien réelle, qui ne peut être négligée, la réponse pourrait se résumer en une phrase : face au risque de « choc », le dialogue ne suffit pas, il faut une réponse politique. Réponse qui, nécessairement, ne peut se passer des États : le conflit israélo-palestinien, abcès de fixation majeur qui empoisonne depuis des décennies les rapports entre l'Occident et le monde arabomusulman, ne pourra être résolu en l'absence d'un État palestinien viable, cohabitant avec l'État d'Israël dont l'existence et les frontières seraient reconnues sans ambiguïté par ses voisins et la sécurité garantie par les grandes puissances, à commencer par les États-Unis. Les contours de ce règlement sont connus (paramètres Clinton, négociations de Taba, initiative de Genève Rabbo-Beilin), les rues arabes et israéliennes souhaitent la paix, il « reste » aux dirigeants à s'armer de courage, à s'asseoir autour de la même table, à les appliquer et à aller jusqu'au bout, malgré obstacles et provocations. À part quelques forcenés, deux ou trois États hostiles, le monde entier les y aidera. Il est significatif qu'interrogé sur l'Irak James Baker ait tenu à mentionner dans son rapport que les États-Unis, pour interrompre le cycle d'une aggravation sans fin de la situation au Proche Orient, devraient également se réengager dans la résolution du conflit israélo-palestinien.

Il n'est pas superflu de rappeler, à chaque étape de ce raisonnement, qu'il est question ici d'États capables et modernes, réformés, concentrés sur leurs vraies tâches, tous engagés dans un processus de démocratisation ! L'essentiel est de comprendre que nous ne pouvons nous défausser sur la « communauté internationale », l'ONU ou toute autre Providence. Car la souveraineté ainsi abandonnée par les États n'est pas transférée au niveau européen ou mondial, non plus qu'à un quelconque nouvel espace démocratique. Si elle est récupérée quelque part, c'est par le marché. Les États demeurent donc nécessaires. D'ailleurs, ils résistent, constatait à regret Samy Cohen en 2003. Francis Fukuyama, ancien néoconservateur, va plus loin. Dans son livre paru en 2004 et intitulé *State Building* (*La Construction de l'État*), il affirme que les États demeurent indispensables, même s'il reste dubitatif sur la possibilité de les édifier de l'extérieur.

Pour bâtir ce monde meilleur, il n'est pas d'entité céleste, je veux dire supranationale, pas de substitut aux États. Il n'y a que nous, tous ensemble. Aucune « communauté inter-nationale », aucune ONU n'agira à notre place. Il est donc temps de rompre avec ce courant de pensée – décliniste et postnatio-nal – qui postule depuis des années le déclin inexorable et même souhaitable des États, courant au sein duquel se côtoient des libéraux idéologiques, des ex-gauchistes européens, des européistes, des idéalistes multilatéralistes, et qui a tout à la fois aggravé l'inefficacité multila-térale et conduit la construction européenne dans une impasse politique.

III

Une Europe qui saurait qui elle est et ce qu'elle veut

Le tableau du monde tel qu'il est, avec les menaces qu'il recèle, si différent des illusions les plus répandues, et le constat de l'inefficience des remèdes proposés renforcent le désir d'une « Europe forte », clairvoyante, efficace. Or l'Europe semble en panne – en tout cas en panne de projet. Qu'en est-il au juste ?

À quelques petits partis marginaux près, les Européens ne remettent pas en cause ce qui a été fait, en leur nom, depuis plus de cinquante ans. C'est sur la suite de la construction européenne qu'ils divergent. Il y a en effet plusieurs Europe possibles. Même après leur « non » au projet de Traité constitutionnel, Français et Néerlandais ne sont pas devenus pour autant antieuropéens. Il est d'ailleurs évident que plusieurs autres peuples européens auraient aussi voté non, pour diverses raisons, s'ils avaient eu l'occasion de le faire par voie de référendum, sans pour cela rejeter, eux non plus, l'idée européenne. Inutile de s'évertuer à culpabiliser les électeurs français et à en appeler mécaniquement à une « relance » de l'Europe si on ne tire pas au préalable les leçons des votes de ces dernières années.

Le Traité constitutionnel européen avait mêlé institutions et politiques. Je pense, comme je l'écrivis avant le référendum de 2005 et plus encore juste après, que trois clarifications – sur les frontières, sur le pouvoir, sur le projet – sont indispensables, préalablement à toute relance, pour combler le fossé entre élites européistes intégrationnistes et citoyens « normaux », pas du tout anti-européens mais attachés à leur identité et aujourd'hui déboussolés. Faute de quoi cette relance, quelle qu'elle soit, échouera.

Je ne sous-estime pas du tout la dimension économique et sociale du problème européen : face à la mondialisation, comment combiner au mieux l'utilisation des opportunités, la protection, l'adaptation, la régulation ? Quel équilibre global entre protection sociale et dynamisme économique créateur ? Quelle politique économique mener, notamment dans la zone euro, pour quel genre de croissance durable ? Si la politique sociale se définit et se négocie pour l'essentiel à l'intérieur de chaque pays, comme Jacques Delors avait tenté de l'expliquer aux socialistes français quand ils avaient fait de l'Europe sociale leur slogan pour les élections européennes de 2004, cela n'empêche pas qu'il y ait quelques grandes règles sociales à édicter et à renforcer au niveau européen.

Ces questions sont d'une très grande importance. Mais elles ne pourront être ni traitées ni tranchées – comme il serait souhaitable – tant que pèseront sur l'Europe des incertitudes anxiogènes qui l'empêchent de savoir qui elle est et ce qu'elle veut : l'absence de limites et d'identité claires pour l'Union ; l'incertitude permanente sur la répartition des pouvoirs entre l'Union et les États-nations, et l'avenir à long terme de ces derniers ; le flou entretenu sur le rôle de l'Europe dans le monde. Ces incertitudes, que certains croyaient motrices (« ce n'est qu'une étape, il faudra aller plus loin »), se sont révélées inhibitrices et ont conduit plusieurs peuples fondateurs à « décrocher ». Ils ne sont pas devenus euro-hostiles, mais euro-sceptiques, ou plutôt euro-désabusés.

Après l'échec du projet de Traité constitutionnel, on ne peut relancer l'Europe à l'identique, ainsi que certains le croient, comme on remettrait en marche à la manivelle une voiture tombée en panne. Pour retrouver l'acquiescement et l'engagement des populations, il faut clarifier l'identité de l'Europe, donc lui fixer des limites ; stabiliser et préciser la répartition des pouvoirs, c'est-à-dire spécifier qui fait quoi en Europe ; se préoccuper davantage de nouveaux projets que d'institutions parfaites ; enfin formuler distinctement le rôle assigné au projet européen dans les destinées du monde.

*

* *

L'Europe ne sait qui elle est. Ce qui est évident, vu de Washington, Moscou, Pékin, Le Caire ou du Cap, ne l'est plus vu de Londres, Berlin, Paris ou Bruxelles. L'histoire, la géographie, la culture, la religion : rien ne permet de trancher, chacun en a sa définition. Nul ne peut l'imposer à tous. Longtemps la guerre froide et la coupure de l'Europe en deux ont dispensé les Européens de toute définition ; cela allait de soi : l'Union était ouverte à tout pays démocratique... d'Europe. Puis le devoir d'intégrer au plus tôt les pays est-européens libérés du communisme lui a tenu lieu de programme. Et après ? Entre l'Empire carolingien, son passé et son héritage chrétien, celui des Lumières et de la Révolution et, finalement la démocratie et les droits de l'homme, l'Europe a du mal à se définir tant elle redoute à présent tout ce qui relève de l'identitaire. Si l'on s'en tient aux critères de Copenhague de 1993, il suffit, pour intégrer l'Union, d'être démocrate, de pratiquer l'économie de marché et de reprendre l'acquis communautaire. À ce compte-là, pourquoi pas le Sénégal, le Japon, l'Inde ou le Brésil ?

Il est vrai qu'après les palinodies sur le cas de la Turquie le Parlement européen et certains gouvernements ont redécouvert un quatrième critère : la « capacité d'absorption », concept de bon sens, à défaut d'être élégant, rebaptisé fin 2006 « capacité d'intégration ». Il avait été délibérément mis de côté par quatorze membres de l'Union sur quinze, et la Commission, notamment le commissaire Verheugen, chargé de l'élargissement, pendant les quinze années de fuite en avant succédant à Maastricht où l'élargissement était devenu, pour presque tous, la seule priorité qui vaille, à tel point qu'il était jugé inconvenant de vouloir seulement en discuter.

Mais tout cela ne constitue pas une identité, les peuples européens le sentent bien.

Si les Vingt-sept n'arrivent pas à reprendre le contrôle de cet « étourdissant » élargissement, parce qu'ils ne le veulent ou ne le peuvent pas, l'idée européenne va tout simplement s'éteindre et mourir. Aucun citoyen ne pourra s'identifier politiquement, culturellement, personnellement à cet ensemble gazeux, incertain et trop dilaté, à cette sorte de sous-ONU. Ce sera autre chose : un vaste espace méditerranéo-eurasiatique de paix, de stabilité, de commerce et de droit, assorti de quelques politiques communes. Certains s'en contenteront. Mais adieu, alors, à l'Europe « politique », à toute politique étrangère commune – hormis des généralités prônant la démocratie et le respect des droits de l'homme, plus quelques menues actions concrètes, etc. –, adieu à tout « pôle » du monde multipolaire, à toute vraie « Europe-puissance » face à Washington ou à Pékin !

Si on ne se résigne pas à cette dissolution, il faut avoir le courage de dresser la liste des pays (moins d'une dizaine) qui ont encore vocation à entrer dans l'Union quand ils – et elle – seront prêts. En tout cas, les Balkans occidentaux – et s'ils le souhaitent, la Suisse, la Norvège, l'Islande. Tout le reste, en revanche, prête à discussion. Il faut annoncer que l'Union aura alors atteint sa forme définitive, et qu'au-delà elle pratiquera avec les autres pays des politiques de voisinage, d'alliance, de coopération, de partenariat, etc., mais plus d'adhésion. Il sera alors temps de supprimer le poste de commissaire à l'élargissement ! Après tout, on ne traite pas les États-Unis de « frileux » parce qu'ils ne proposent pas au Canada ou au Mexique de les rejoindre (sauf par le biais économique de l'ALENA, mais sans leur proposer en échange des postes de sénateurs), et il n'y a rien d'hostile dans le fait de fixer vis-à-vis de l'extérieur ses propres limites : c'est un principe politique élémentaire de cohérence et d'identité.

Concernant la Turquie, on se serait épargné bien des crises pénibles et des tensions inutiles si on lui avait proposé dès l'origine un « partenariat privilégié », avant que le terme ne soit dévalué, voire une vraie alliance, au lieu de laisser flotter, par légèreté, l'idée d'une possible adhésion dont les Turcs, fort logiquement, se sont saisis pour moderniser leur pays. Après quoi, pour ne pas paraître antimusulmane, égoïste ou fermée, l'Union n'a pas osé ne pas ouvrir de négociations. Certains politiciens français ou allemands sont même allés jusqu'à théoriser l'entrée de la Turquie comme antidote au « clash des civilisations », comme si l'admission de ce pays allait faire oublier aux pays arabes et à l'ensemble des musulmans leurs propres griefs. Ce sont d'ailleurs souvent les mêmes qui nient la réalité de ce « clash » !

Ce n'est pas se comporter correctement avec ce grand pays que de s'apprêter à le harceler des années durant sur trente-six sujets, sous prétexte de lui faire reprendre à son compte le fameux « acquis communautaire » en sorte de le normaliser ! Sans parler d'exigences surnuméraires inventées en cours de route. D'autant que les États membres sont bien évidemment incapables de garantir à Ankara qu'ils ratifieront tous, comme c'est juridiquement nécessaire, après ce parcours du combattant, le futur traité d'adhésion... surtout depuis que le président Chirac a fait introduire dans la Constitution française, pour apaiser son électorat révolté, l'obligation d'un référendum sur toute nouvelle admission. En cas de rejet, que fera-t-on ? Reviendra-t-on, d'ici à dix ans, dans l'amertume et la récrimination, au partenariat privilégié par lequel on aurait dû commencer ? Ou bien la Turquie nous dira-t-elle alors que cela ne l'intéresse plus, qu'elle trouvera mieux son avenir dans de simples relations commerciales avec l'Europe, le renforcement de son rôle dans l'OTAN, l'exercice de son influence en Asie centrale et au Moyen-Orient, des relations stratégiques avec la Russie, Israël, l'Iran et la Chine ? Pour le moment, les « pour » (comme Tony Blair ou Jacques Chirac) comme les « contre » (Angela Merkel) se retranchent derrière les négociations en cours. Cela n'aura qu'un temps. Voilà un exemple des contradictions inextricables à quoi mène la « pensée molle » européenne.

Quoi qu'il en soit, les Européens devront admettre que l'Europe n'est pas une idée pure, qu'elle doit d'abord se doter d'une définition politique et géographique, donc fixer ses propres limites, ou bien accepter de se déliter. D'une façon générale, sauf échec complet du projet européen, la réalité rejoindra peu ou prou la théorie des trois cercles :

un noyau central, ce qu'est déjà la zone euro ; l'Union plus large, à trente-cinq ou plus ; les pays associés, ce que Romano Prodi a appelé l'« anneau des pays amis », auxquels est proposée une politique de bon voisinage. Voilà qui aurait besoin d'être explicité sans ambages.

L'autre clarification préalable porte sur la répartition du pouvoir en Europe, plus exactement entre l'Union européenne (Commission, Parlement) et les États-nations. Qui fait quoi aujourd'hui, et surtout qui fera quoi demain ? La vision fédéraliste selon laquelle les compétences des États-nations sont résiduelles, de toute façon disqualifiées par le sens de l'Histoire (les « égoïsmes nationaux »), voués à être transférées un jour ou l'autre à l'Union européenne et à la Commission, futur gouvernement de l'Europe (les fameux « abandons de souveraineté »), pour stimulante qu'elle a été dans l'Europe cloisonnée de l'après-guerre, s'est révélée à la longue aussi pernicieuse et anxiogène que celle de l'élargissement sans fin. Elle est, de surcroît, démobilisatrice. Si on ne peut plus rien régler au niveau national, si seul le niveau européen est pertinent, comme l'ont imprudemment répété pendant des années tant de militants de l'intégration européenne, – ce qui a nourri symétriquement le « tout est la faute de l'Europe » –, si cela constitue un progrès que 60 % de la législation nationale soit d'origine communautaire, si les États-nations doivent être ainsi grignotés par l'Europe, alors à quoi bon la démocratie nationale, la République française, toutes ces élections, et que vaut encore un bulletin de vote au pouvoir si incertain ? Au bout de ce processus : l'insurrection électorale contre tous ces détenteurs illégitimes d'un simulacre de pouvoir, gouvernements et politiciens, boucs émissaires tout trouvés pour cette intolérable dépossession démocratique.

Les plus sincères et les plus convaincus des fédéralistes (ou européistes) répliquent depuis longtemps que c'est au niveau européen – le seul qui compte aujourd'hui face aux États-Unis et à la Chine, etc. – que doit être créé un nouvel espace démocratique, un Parlement européen aux pouvoirs accrus, contrôlant une Commission renforcée, constituée sur une base plus politique, le Conseil européen des chefs d'État et de gouvernement ne jouant, dans leur schéma, que le rôle d'un Sénat. Mais tout cela dans quelle langue ? Et qui l'accepte vraiment ? Pas même les Allemands ! Qui pense réellement qu'un jour, même lointain, la construction européenne fera de l'Allemagne, de la France, de l'Espagne ou de la Suède, pour ne rien dire de la Grande-Bretagne et des autres, des Bavière, des Écosse ou des Bretagne ? Que la France et l'Allemagne n'existeront plus dans trente ans ? Qui peut sérieusement comparer les vieilles nations d'Europe au Dakota du Nord ou du Sud, au New Hampshire, au Massachusetts ?

Jacques Delors lui-même a toujours eu l'honnêteté de parler, dans une expression dont chaque mot compte, de « fédération d'États-nations ». Alors, pourquoi ne pas le dire ? Pourquoi ne pas annoncer plus nettement une stabilisation des compétences de l'Union européenne, voire la restitution de certaines compétences aux États membres ? Cela les revigorerait dans leurs compétences propres et responsabiliserait à nouveau les politiciens nationaux, les empêchant de rabâcher qu'« il n'y a que l'Europe », qu'« il faut plus d'Europe », etc. Naturellement, cela laisserait le champ entièrement libre à des politiques communes nouvelles, à de nouveaux projets communs, à des coopérations renforcées, à géométrie variable, mais sans abandon de souveraineté (ce qui n'est pas synonyme de transfert ou d'exercice en commun de la souveraineté). Il faudrait aussi que la Cour de justice de Luxembourg juge dans cet esprit et non pour élargir en permanence, par effet de cliquet, le champ communautaire.

Paradoxalement, le Traité constitutionnel non ratifié fournissait une base raisonnable pour mettre en œuvre cette répartition plus compréhensible et stable des pouvoirs. La crise actuelle aurait été évitée si on s'y était pris autrement, après Nice, à partir de 2001, en procédant par amendements successifs et concrets du traité, ratifiables par les Parlements nationaux, au lieu de succomber à l'ivresse de la fuite en avant, d'une « Constitution » ou d'une « Charte », à une grandiloquence qui s'est révélée en définitive plus inquiétante qu'enthousiasmante.

Maintenant, que faire ? L'Europe n'est pas en panne, en ce sens que les institutions de l'Union fonctionnent normalement, chaque jour, dans le cadre des traités existants. Mais, au-delà, il n'y a plus pour le moment de projet d'avenir partagé. Les seize pays qui ont approuvé le Traité constitutionnel affirment que leur « oui » vaut bien le « non » des Français et des Néerlandais. Moralement, sans doute, mais encore ? À quoi sert-il de se prévaloir du nombre d'Européens qui auront dit oui contre ceux qui auront dit non, puisque l'Europe ne constitue pas une nation, que l'unanimité des États membres est requise pour l'adoption de ce traité, comme pour tous les traités européens depuis celui de Rome ? Comme aucun dirigeant français ni néerlandais ne prendra le risque de soumettre à nouveau le même traité à un nouveau référendum, qu'il est politiquement impensable de faire adopter par le Parlement un texte rejeté par le peuple souverain, qu'aucun Premier ministre britannique ne prendra non plus ce risque, le traité (le traité, pas la « Constitution ») est, quoi qu'on dise, caduc. Cela était déjà évident au lendemain des référendums français et néerlandais. Les Allemands et les autres pays qui ont voté pour devront finir par l'admettre.

Du coup, certains, à droite et à gauche, préconisent un « petit traité » qui ne reprendrait que les parties institutionnelles (I et II) du traité rejeté, lequel pourrait alors être ratifié par les Parlements. Tel est aussi le sens de l'Appel de Florence à un sursaut, lancé le 17 novembre 2006. Pour MM. Giscard d'Estaing – aux yeux de qui le « non » de 2005 n'a été qu'un accident de parcours –, Schmidt, Fischer, Ciampi, Sampaio et Simitis, la solution consisterait à « conserver l'intégralité des parties I (les institutions) et II (la Charte) du traité » et de « clarifier les points litigieux de la partie III (les politiques et le fonctionnement) », au besoin par adjonction d'un protocole additionnel.

Très attachée au traité, Angela Merkel, se résignera peut-être, à la fin de sa présidence, en juin 2007, à ce que l'on explore cette voie, l'essentiel pour les Allemands étant que l'organisation générale de l'Europe conforte le fédéralisme allemand, et surtout que soit confirmé le fameux vote démographique au terme duquel le poids de l'Allemagne au Conseil passerait de 9 % (traité de Nice) à 18 % (Traité constitutionnel), et celui de la France, de la Grande-Bretagne et de l'Italie de 9 à 13 %. Stupéfiant : personne, en France, n'a débattu de ce changement radical de poids relatif, de cette fin de la parité France-Allemagne, pourtant constitutive des institutions européennes depuis le traité de Rome, fin refusée par la France à Nice, adoptée deux ans plus tard par la Convention puis par les autorités françaises, et inscrite dans le Traité constitutionnel ! Peut-être fallait-il l'accepter. Peut-être pas. Cela, en tout cas, n'a pas été discuté.

Sera-t-il si facile que cela de se mettre d'accord à vingt-sept et de faire ratifier ce « petit » traité ? Est-on sûr de pouvoir reprendre les parties I et II du projet sans que tel ou tel État membre remette en cause son accord sur telle ou telle disposition incluse dans ces parties, ou veuille réintroduire tel ou tel élément de la partie III portant sur les politiques ? Certains dirigeants européens, on l'a vu, établissent déjà ce lien. Quel serait le contenu de ce protocole additionnel ? Est-on sûr de pouvoir ensuite faire passer aisément devant les Parlements français et néerlandais une partie du traité rejeté, même s'il s'agit de mesures réputées non contestées (la présidence durable, le ministre des Affaires étrangères, la repondération des voix, associée à l'élargissement, pour le vote à la majorité qualifiée requis dans plusieurs domaines) ? *Idem* devant le Parlement britannique, Gordon Brown ou David Cameron étant devenu Premier ministre ? Enfin, en Irlande, où le référendum est obligatoire ? Les Néerlandais ont déjà dit non par avance à cette démarche. Au total, n'y a-t-il pas plus pressé que de s'engager à nouveau, dès le printemps 2007, et pour des années, dans une négociation et des controverses institutionnelles ? Est-ce que les dernières années n'ont pas démontré les inconvénients de pareille approche ?

Il faut, certes, rester disponible à une nouvelle discussion sur le plan institutionnel, car, à défaut, pas de regain de l'entente franco-allemande, mais à condition : 1. d'avoir clairement défini nos objectifs (que veut-on exactement pour nous ? pour l'Europe ? Va-t-on confirmer sans contrepartie les concessions faites dans le cadre de la négociation du traité caduc ? ou reprenons-nous la négociation depuis le début ?) ; 2. de ne pas en faire une priorité absolue ni une orientation exclusive.

Il y a en effet autre chose à faire que de tout miser sur les seules institutions : une relance des projets européens concrets à tous les niveaux, que j'avais préconisée en juin 2005 et qui est très proche de ce que Ségolène Royal appelle l'« Europe par la preuve ». « Projets » doit ici s'entendre au sens le plus large du terme. Il faut se garder de retomber dans une opposition théorique entre méthode communautaire et méthode intergouvernementale. Toutes les approches doivent être utilisées : nouvelles politiques communes à vingt-sept (en priorité, l'énergie couplée à l'écologie, autrement dit, conversion écologique en vingt ans de l'économie et de la société européennes) ; réforme de la PAC ; politique économique coordonnée de croissance, créatrice d'emplois, dans la zone euro, qui pourrait faire l'objet d'une vraie négociation avec l'Allemagne en liaison avec la réforme institutionnelle ; coopération en matière sociale entre les pays qui veulent aller plus loin ; super-Erasmus ; soutien aux centres de recherche européens (reprendre et renforcer Eurêka) ; mise en réseau des trente meilleures universités européennes ; projets industriels et technologiques communs à quelques-uns ; avancées de la défense européenne ; etc. Ce ne sont là que des exemples. Les Européens peuvent refuser une Constitution, contester telle ou telle directive ; personne, en revanche, n'est contre de tels projets.

Enfin, il faut que les Européens s'accordent sur le rôle que l'Europe devrait jouer de par le monde. Il ne suffit pas d'avoir des représentations de la Commission dans un peu plus de cent vingt pays, de distribuer chaque année 37,5 milliards d'euros d'aide, dont 7,5 gérés par la Commission, de faire en permanence, ici et là, des déclarations en faveur des droits de l'homme, de rencontrer chaque année au sommet les dirigeants américains, russes et chinois, de défendre des positions communes dans l'OMC, et que Javier Solana incarne vaillamment l'Union sur tous les fronts, pour constituer une puissance. D'ailleurs, à l'extérieur, personne ne s'y trompe : c'est Londres, Paris ou Berlin qui comptent.

Cette question de la puissance n'est pas juridique ni institutionnelle, elle est mentale et ne relève pas des traités. Depuis la Seconde Guerre mondiale, les Européens de l'Ouest ont cru à un monde post-tragique et pouvoir tourner le dos à l'esprit de puissance, hormis en matière commerciale. S'ils répugnent à l'idée de puissance, c'est par rejet de leur passé, par pacifisme, angélisme, hédonisme, atlantisme ou simple fatigue. Ils aspirent à une grande Suisse (quoique les Suisses aient gardé, eux, l'esprit de défense), un ensemble sûr, protégé, riche, qui exerce de surcroît, via les ONG, l'aide au développement, etc., une importante activité humanitaire et philanthropique. À l'exception de la France et de la Grande-Bretagne, ils s'en sont remis aux États-Unis pour leur sécurité, ce que le traité qui a fondé l'Alliance atlantique et l'OTAN a concrétisé. Là est la vraie raison de la circonspection ou de la méfiance des autres Européens vis-à-vis du discours français sur l'Europe-puissance. Pourquoi risquer de faire double emploi avec l'OTAN, pourquoi « antagoniser » les Américains, pourquoi aider les Français à retrouver, par ce biais, leur rôle évanoui ? s'interrogent-ils.

Une partie des élites européennes croit pouvoir échapper à ce dilemme en mettant en exergue le pouvoir suffisant du commerce, du droit, de la norme et de l'exemple, qui seraient le *soft power* de l'Europe. C'est avoir mal lu Joseph Nye et ne pas avoir réalisé que le *soft power* des États-Unis ne serait pas ce qu'il est sans le *hard power* auquel il est adossé : « La puissance intelligente, c'est l'art de marier les deux efficacement », précise-t-il ; autrement dit, missiles et *fast-foods*, dollars et CNN, etc. Il en irait différemment si le monde était peuplé d'Européens ou de petits pays pressés d'entrer dans l'Union et disposés à se soumettre aux conditions d'admission posées par celle-ci. Rappelons qu'il y a cinq milliards et demi de non-Occidentaux sur la planète (moins, si on inclut dans notre lot une partie des huit cents millions de Latino-américains) et que le monde multipolaire qui surgit *de facto* sous nos yeux n'est pas celui de nos discours.

Celles des élites européennes qui acceptent l'idée d'Europe-puissance ont cru, depuis le traité de Maastricht, que l'esprit de puissance – au bon sens du terme – et de responsabilité surgirait comme mécaniquement des dispositions juridiques des traités sur la politique étrangère et de sécurité commune, la PESC, puis de la création d'un haut responsable à la PESC – Javier Solana –, puis d'actions communes en Macédoine, en République démocratique du Congo, ou ailleurs. C'est la politique dite des « petits pas ». Or il faut se rendre à l'évidence : malgré le remarquable travail de Javier Solana, il y a bien loin d'ici à ce que Britanniques et Français aient la même conception des rapports avec les États-Unis, à ce que Baltes et Polonais voient la Russie avec les mêmes yeux que les pays d'Europe de l'Ouest, à ce que les Européens du Nord accordent la même place à l'Afrique et à la Méditerranée que ceux du Sud, à ce que l'accord se fasse entre les Vingt-sept sur une action précise au Proche-Orient, etc.

Les Européens n'ont aucun mal à s'accorder dans leurs déclarations sur les principes généraux – démocratie, paix, droits de l'homme, etc. –, mais beaucoup plus sur des politiques étrangères concrètes, par suite de rivalités ou de désaccords de fond. Pourtant, si l'Europe ne devient pas une puissance et n'agit pas comme telle, son... impuissance la rendra dépendante des puissances réelles du monde de demain, qu'elles soient étatiques ou autres. Au bout du compte, elle ne parviendra même plus à préserver son mode de vie. Rebaptiser Javier Solana « ministre des Affaires étrangères de l'Europe », comme le prévoyait le Traité constitutionnel, ne suffira pas. L'opposition des opinions publiques européennes à la guerre en Irak en 2003 était d'inspiration pacifiste, elle n'exprimait pas encore une quête de puissance.

Que faire, alors ?

D'abord, ne pas considérer la question du rôle de l'Europe dans le monde comme déjà réglée par les acquis bureaucratiques ou procéduraux, ou par les traités antérieurs, voire même par la stratégie européenne de sécurité adoptée le 12 décembre 2003. Provoquer au contraire ce débat. Prendre à témoin l'opinion européenne dans toute son ampleur à l'occasion d'un référendum général ou d'élections européennes : « Voulez-vous que l'Europe devienne une puissance mondiale avec ce que cela implique sur les plans diplomatique et militaire ? » Prendre le temps nécessaire pour expliquer quelle sorte de puissance serait cette Europe, comment elle défendrait ses intérêts légitimes, ses idées, tout en renforçant tous les mécanismes multilatéraux, européens et de coopération, permettant de mieux gérer les affaires du monde, car c'est ce que veulent aujourd'hui les peuples ; quelles relations elle entretiendrait avec son partenaire américain et avec les autres grands pays. Pour la France, l'idéal serait que l'Europe suive envers les États-Unis la ligne qui est grosso modo la sienne depuis le début de la Ve République : amie, alliée, pas alignée – le point délicat étant le troisième, quand un désaccord se produit malgré tout et qu'il faut le gérer, ce qui peut se faire de diverses façons : en l'attisant ou le circonscrivant, comme un feu.

Supposons que les Européens définissent ensemble une ligne autre que déclaratoire, compassionnelle ou caritative dans les grandes affaires du monde, bref, une vraie politique étrangère : quelles en seraient les conséquences ? Les États-Unis ne pourraient plus définir seuls la position du monde occidental ni imposer toutes leurs décisions à leurs alliés. Ils seraient amenés à rechercher avec les Européens une ligne de compromis. Par exemple, après le 11 septembre, les représailles en Afghanistan auraient eu lieu, mais pas la guerre en Irak. Le processus de paix israélo-palestinien aurait été relancé malgré les nombreux prétextes invoqués pour ne pas le faire et les terribles obstacles prévisibles. Avec vigilance et précaution, la discussion des Européens et des Américains aurait repris avec Téhéran comme avec tous les protagonistes des conflits du Moyen-Orient.

L'élaboration de la synthèse entre Européens sera longue et laborieuse, mais, par là même, solide et équilibrée. Grâce à cet effort, le monde occidental serait en partie protégé d'embardées aussi extrêmes que celles qu'il a connues du jour où les États-Unis, et nous avec eux, sont passés sans « amortisseurs » de l'ère Clinton à celle de Bush II.

Le monde gagnerait à l'évidence beaucoup à ce que les Européens s'accordent sur la politique à mener envers leurs voisins et sur une ligne claire à propos des questions russe, chinoise, asiatique, arabe, africaine, latino-américaine, sur la lutte contre le terrorisme, sur l'encouragement à la démocratisation, sur la suite de Kyoto, la suite de Doha, sur la réforme de l'ONU ; à ce qu'ils ne se laissent pas entraîner dans une politique américaine de «bloc» occidental mais deviennent partie prenante d'un partenariat euro-américain.

Tout cela n'a de chances d'advenir que si les Européens sortent des vapeurs du rêve et de leur confortable irresponsabilité en prenant conscience des menaces concrètes que recèle le monde actuel. Le moment venu, après les débats et controverses publics nécessaires, il faudra certes obtenir dans les urnes la légitimation de cette ambition européenne reformulée. Car il n'y aura pas d'Europe-puissance sans un large consensus qui fait aujourd'hui défaut et qui reste à construire.

*

* *

Faute de telles clarifications sur l'identité, les pouvoirs, le projet, les relances européennes auxquelles on peut songer tourneront court elles aussi. En fait, ce processus de clarification est déjà entamé *de facto* et par différents biais. Sur les institutions, on saura d'ici à deux ou trois ans si la négociation et la ratification d'un nouveau (petit ?) traité à vingt-sept aura ou non été possible, ou s'il faut continuer d'agir dans le cadre des traités existants. Mais tout cela risque d'être long et une fois de plus décevant. Quant au rôle de l'Europe dans le monde, force est de convenir qu'elle n'est toujours pas résolue à l'assumer.

IV

Et la France ?

J'en viens à notre pays, qu'on aimerait voir se porter à la pointe de ce sursaut européen si nécessaire au monde, et qui, tout au contraire, traverse une période de doute plus profond et plus insidieux que son habituel vrai-faux mécontentement. Flotte depuis quelques années dans l'air français un parfum de déprime.

Cela vient, selon moi, de la façon dont le monde et l'Europe évoluent, en quoi la France ne se retrouve pas. Il n'y a en théorie aucune raison pour que notre pays soit gêné par la mondialisation. Pendant la plus grande partie de son histoire, il s'est voulu universel. La France a été ambitieuse et aventurière. Mais la globalisation qui refaçonne le monde sous nos yeux n'est pas celle de notre premier ni de notre second empire colonial. Elle n'est pas celle de nos soldats, de nos marins, de nos explorateurs, de nos missionnaires religieux, ni celle de nos enseignants, de notre mission laïque. Ni même celle de nos grands intellectuels, de nos grands écrivains et de nos artistes. Elle ne nous permet pas de nous projeter sur le monde avec nos idées, nos valeurs, notre langue. C'est le monde qui se projette sur nous et, pis encore, qui a tendance à nous juger inadaptés. Cette mondialisation des dernières décennies se fait sous l'impulsion capitaliste des grandes entreprises, des banques, des investisseurs, des fonds de pension et des autorités américaines, mais aussi des avancées technologiques en matière d'information et d'images, et vise à transformer l'ensemble des habitants de la planète en consommateurs de biens, de services, d'images, de sons, de spectacles, politiques ou autres. En tant que vieille démocratie, la France ne peut que se réjouir de voir progresser la démocratie et la liberté dans des pays qui n'en bénéficiaient pas encore. En tant qu'économie occidentale très avancée, elle ne peut que tirer parti, en principe, de son imbrication dans l'ensemble des économies occidentales à la force jusqu'à présent inégalée. En tant que pays soucieux depuis longtemps du sort du « tiers-monde », elle devrait se féliciter du développement et de l'émergence de nations longtemps soumises. Pourtant, elle se sent mal à l'aise, parce qu'elle n'est pas sûre ou pas satisfaite de son rôle et de sa place dans ce monde-là. Cette mondialisation se fait en *broken english*, sur la base d'un libéralisme sans nuances qui réduit systématiquement – ou rend suspect – le rôle de l'État et fait passer la protection sociale pour un insupportable handicap. Elle se fait sous le leadership des États-Unis avec lesquels la France a des relations diplomatiques souvent difficiles parce qu'elle ne veut pas, à juste titre, leur consentir un soutien systématique. Des États-Unis qui, au surplus, détiennent maintenant un statut qui a longtemps été celui de la France : celui de pays donnant le ton à l'univers. Devant ce qui lui semble une erreur de casting, la France ressent de l'amertume, voire de la jalousie. Et le fait que certains Américains souffrent aussi de la mondialisation n'y change rien !

En ne considérant que les faits objectifs, on pourrait s'en étonner. La place conservée par la France dans les institutions et la politique internationales ; l'attente qui continue de s'exprimer de par le monde envers sa politique étrangère ; sa capacité et sa crédibilité militaires ; son potentiel nucléaire, qui demeure militairement une assurance ultime et se révèle, dans le domaine énergétique, si précieux dans la lutte contre l'effet de serre ; sa démographie dynamique ; l'extraordinaire réussite de ses entreprises du CAC 40 ; ses milliers de Français si énergiques établis à l'étranger ; l'attrait qu'exercent ses paysages, sa cuisine, ses vins, sa mode, ses industries de luxe, sa qualité de vie, et encore, quoi qu'on en dise, sa culture, sa langue, ses intellectuels, ses architectes, ses chercheurs et ses écrivains. Peine perdue : il y a dans l'attitude française de ces dernières années un air de vexation : si nous ne sommes plus au centre des choses, si nous ne sommes plus qu'une puissance « moyenne » (ce qui est d'ailleurs inexact : si l'on considère l'ensemble des cent quatre-vingt-douze membres des Nations unies, nous ne sommes pas dans la moyenne, en fait, nous sommes encore une puissance d'influence mondiale), alors à quoi bon ? Et qu'avons-nous à gagner à nous « adapter » à la mondialisation, comme on nous en presse ?

D'autant que l'espérance européenne s'est concrétisée sous une forme méconnaissable. Pour beaucoup de Français, l'Europe-puissance allait relayer et prolonger l'influence française. Pour d'autres, l'Europe sociale allait garantir nos acquis sociaux et les étendre au reste du continent. Il n'était pas prévu que l'intégration européenne tourne au cheval de Troie de la mondialisation « libérale », qu'il faille tout négocier en permanence avec tant de partenaires, se garder sur notre droite et sur notre gauche, et que, dans tout vote à la majorité – principe souhaitable dans une perspective européenne –, nous soyons constamment exposés au risque de nous retrouver minoritaires, sauf à déployer en permanence des trésors de savoir-faire diplomatique et de créativité tactique. Certes, nous n'en manquons pas, mais ce n'est pas une solution durable.

Cette déception tourne parfois à l'autodévaluation, voire à la haine de soi. Cela se voit à propos de notre système – je ne dis pas modèle – économique et social, et à propos de notre histoire.

Qu'il faille adapter et réformer le système économique et social français tout en en préservant l'essentiel, devrait être une évidence. On ne peut impunément ne pas tenir compte des dures nouvelles lois de l'économie de marché globale et concurrentielle tout en voulant bénéficier des avantages d'une économie ouverte, ni mener une politique économique, fiscale et sociale en contradiction avec celle de nos partenaires européens. La relative perte de terrain de la France en matière de compétitivité et de performances économiques globales est indéniable, si on se reporte aux pays de sa catégorie. Comme l'insupportable creusement des déficits publics, lesquels pèseront sur une, voire deux générations. Tous les économistes de droite, et de plus en plus des économistes de gauche, le disent, et on ne compte plus les rapports qui le répètent (OCDE, Camdessus, Pébereau, Lévy, Artus, Pisani-Ferry, Cohen, Baverez...) tout en soulignant le parti que la France pourrait tirer d'une acceptation plus franche de la mondialisation.

La France qui se retrouve dans cette approche ne parle que de faire disparaître ses archaïsmes, de s'adapter à la mondialisation, et juge sévèrement les hommes politiques, de gauche comme de droite, pour n'avoir pas su convaincre les Français de la nécessité de ces réformes. Du coup, chez certains essayistes libéraux, on va très au-delà des réformes indispensables, le réquisitoire tourne à la rage, à un rejet complet de tout ce qui est français : tout serait périmé, de la langue au droit des affaires en passant par le rôle de l'État, le management des entreprises, la vie politique, la politique culturelle, la moindre de nos traditions, la République elle-même, etc.

Beaucoup d'autres analystes sont frappés, au contraire, par une sorte de paupérisation – n'ayons pas peur des mots – des classes moyennes, par l'écart grandissant entre les plus pauvres et les bénéficiaires de la globalisation (patrimoines, rentes de situation, savoir-faire financier, etc.). Ils dénoncent une véritable désagrégation du lien social dont la situation des enfants d'immigrés, déclassés, rejetés, toujours pas vraiment intégrés, n'est qu'un des symptômes les plus criants. Car malgré ses filets et minima sociaux, sa fiscalité, son école, ses services publics, une certaine France n'est pas protégée des coups de boutoir de la mondialisation. Cette France-là, qui ne vote pas qu'à gauche, loin de là, perçoit la mondialisation avant tout comme une agression, et elle attend des hommes politiques qu'ils l'en protègent – même si elle en profite en tant que consommatrice. Faute de quoi elle les rejettera comme incapables, « loin d'eux », ayant échoué, et en changera. À chaque élection, s'il le faut. La gauche de la gauche, dont il y a peu d'équivalent ailleurs en Europe et dont l'importance électorale n'est pas négligeable, s'en prend ainsi à ce qu'est devenu le

« système français ». Ou, à l'inverse, voudrait l'invoquer et s'en servir comme d'un bouclier contre toute adaptation.

Même phénomène, en plus âpre encore pour ce qui concerne notre histoire. Il est nécessaire de connaître sans tabou tous les épisodes de l'histoire d'un pays, il est malsain de vouloir les passer sous silence, normal d'en débattre. Mais ce n'est pas ce qui s'est passé ces dernières années en France. L'évocation du passé y a pris un tour souvent masochiste. Des moments tragiques ont été « redécouverts » à plusieurs reprises, comme s'ils avaient été occultés, ce qui n'était généralement pas le cas : ainsi de la Saint-Barthélemy, de l'esclavage, de la colonisation, des mutineries de 14-18, de Vichy, de la guerre d'Algérie. À chaque fois, il ne s'agit pas tant de mieux savoir, de tirer des leçons plus utiles et de mieux transmettre, que d'accuser pour obtenir une expiation, une demande de pardon, des réparations, de créer pour la collectivité et au bénéfice de tel ou tel groupe de nouvelles obligations légales. Ce qui pose de multiples problèmes éthiques, politiques et juridiques. Quel sens cela a-t-il de demander pardon pour des actes commis par d'autres dans le passé ? En quoi est-on responsable d'actes perpétrés par nos ascendants ? Y a-t-il, contrairement aux principes de notre droit, une responsabilité collective, et est-elle transmissible ?

Les fondements juridiques de ces démarches sont extrêmement contestables, d'autant plus qu'elles sont politiquement instrumentalisées, que les arrière-pensées électorales et les revendications de pouvoirs sont évidentes. Comme le sont symétriquement les glorifications unilatérales de notre passé, à qui l'on a tenté de donner, là aussi à tort, une forme législative, par exemple sur les bienfaits de la colonisation. Dans cette conception, la mémoire, qui devrait aller de soi, devient un devoir – bientôt un pensum –, et l'on sent qu'y manquer sera vite vu et dénoncé comme un délit. La loi Gayssot interdit et punit la négation de la Shoah, vérité historique établie de surcroît par le tribunal de Nuremberg, et entend étouffer dans l'œuf tout révisionnisme comme toute résurgence de l'antisémitisme. Intentions on ne peut plus louables. Mais, à partir de là, d'autres lois mémorielles ont été votées à la demande de tel ou tel groupe, au grand dam des meilleurs historiens qui craignent l'établissement d'une vérité historique officielle, interdisant toute recherche et sanctionnant l'hérésie comme une Église le fait d'un manquement au dogme. Ces historiens revendiquent la « liberté pour l'Histoire ». Quelques-uns pensent même que la loi Gayssot devrait être abrogée ou, en tout cas, reformulée. L'actuelle dérive peut même aller jusqu'à ce que l'Assemblée nationale française prétende dire la vérité historique chez les autres (loi sur le génocide arménien votée en première lecture par cent six députés le 12 octobre 2006) ! L'Assemblée nationale française se prononce par une loi sur un chapitre de l'histoire de l'Empire ottoman ? C'est comme si le Parlement turc se mêlait de légiférer sur les massacres commis par la France durant la conquête d'Algérie ! Et à quand un vote sur l'extermination des Indiens d'Amérique ? Quel parlement va se porter candidat ?

Cette instrumentalisation de l'Histoire ne porte guère à sourire, et pourtant je ferai remarquer qu'à l'époque de Darwin ses contemporains rejetaient avec horreur l'idée de « descendre » du singe (on ne parlait pas alors de « cousins »). Aujourd'hui, beaucoup d'Européens voudraient ne pas descendre de leurs propres ancêtres et se refaire une histoire idéale. Ou, à défaut, expier et se repentir au nom de leurs aïeux.

Tout cela est absurde et traduit une nation mal dans sa peau, obsédée de régler ses comptes avec elle-même. L'Histoire est ce qu'elle est, nous devons la connaître, l'assumer, la poursuivre en la dépassant, en nous gardant de la posture expiatoire comme de l'auto-encensement. Antidote au catéchisme du devoir de mémoire : l'Histoire. N'en rien occulter. Tout enseigner. Tout transmettre. En tirer des leçons pour l'avenir constamment réactualisées.

La crise aiguë de la démocratie représentative, observable dans notre pays, ne relève pas que de la haine de soi mais n'est pas sans lien non plus avec elle. Cette crise découle des caractéristiques propres à toutes les sociétés modernes : niveau élevé d'éducation, information-spectacle permanente, sondages quotidiens, obligation économique de toujours promettre du neuf, accélération générale, font que les gens n'admettent plus de confier un mandat de x années à un élu, de lui faire confiance pendant cette période, et, au vu de son bilan, de le réélire ou pas. Ils ne veulent pas attendre les délais impartis mais se prononcer en temps réel, donner leur avis, être consultés en permanence sur toutes les décisions locales, puis sur les grandes, sans d'ailleurs participer énormément ni durablement, quand l'occasion leur en est donnée, mis à part les « professionnels » de la participation. La démocratie participative peut aussi bien régénérer la démocratie représentative que précipiter son discrédit.

Le mécontentement affiché des Français, leur vote hostile, depuis vingt-cinq ans, à toutes les majorités parlementaires sortantes – à l'instar d'un malade fiévreux qui se tourne et se retourne sans relâche dans son lit –, se transforme en un énervement contre le système politique français et ses institutions en tant que telles. Les responsables politiques sont à cet égard des boucs émissaires tout trouvés : une des fonctions qui leur reste avec celle de vestales chargées de pratiquer ostensiblement certaines vertus en lieu et place du corps social.

Parmi les caractéristiques les plus étonnantes de cette France insatisfaite d'elle-même figure la sous-estimation constante de ses capacités d'adaptation et d'innovation. Ce pays qui était rural, protectionniste et traditionnel s'est urbanisé et transformé en l'espace de quelques décennies – les trente glorieuses – en une économie d'industries sophistiquées et de services, créatrice et entreprenante, largement libre-échangiste dont les grandes entreprises sont conquérantes sur les marchés mondiaux. Le mode de vie y a radicalement changé tout en restant très français. Il y paraît tout à fait normal qu'une femme puisse être présidente de la République. Les jeunes Français sont nombreux à tenter leur chance à l'étranger. Et c'est cette France-là qui se sent menacée par la mondialisation ? !

On a assisté à tant de vains débats pour ou contre la mondialisation alors qu'aucun pays, quel qu'il soit, n'est exclusivement pour ou totalement contre, ne fait que s'adapter ou que s'en protéger. Face à sa dernière vague, tous les pays vont à la fois, mais dans des proportions variées, en tirer parti, s'y adapter et innover pour en profiter davantage encore, s'en protéger au niveau global (OMC), européen, ou, à défaut, national, quand elle met en péril quelque chose d'essentiel (qui n'est pas identique dans chaque pays), nouer des alliances pour en modifier les règles générales (par exemple au sein de l'OMC ou dans telle ou telle enceinte technique). Et c'est aux politiques qu'il revient de fixer dans chaque pays la combinaison adéquate.

Prenons l'exemple des services publics, si caractéristiques du système social français. Qui ne voit qu'il faut à la fois en préserver le principe ; le faire admettre pour le mieux garantir, par les autres pays européens, au prix de quelques compromis, sous le nom de services d'intérêt général ; mais aussi les réformer pour mieux répondre aux attentes du public ?

On pourrait multiplier les exemples : ainsi celui de la lutte contre les délocalisations, où une certaine dose de protection doit s'accompagner de dispositifs d'indemnisation et d'adaptation – comme le Fonds européen d'ajustement à la mondialisation. La France n'a pas de problème de potentiel, mais elle n'a plus confiance en elle, dans ses capacités de réforme, ses facultés de rebond. À tort. Mais une campagne présidentielle peut faire office de catharsis !

La politique étrangère de la France n'échappe pas à ce désamour. Alors qu'elle est réputée bénéficier d'un consensus, elle est l'objet d'importantes remises en cause. En fait, mal connue, elle est d'abord perçue à tort comme immuable depuis les débuts de la Ve République. C'est assurément vrai au niveau des très grands principes – un pays occidental fidèle à ses alliés dans les crises graves, mais autonome et libre de ses mouvements dans tous les autres cas. À part un petit cercle de spécialistes (beaucoup plus étroit, proportionnellement, qu'aux États-Unis), qui se souvient réellement de ses différentes périodes ? De ce qui a été fait par les présidents Pompidou et Giscard d'Estaing ? La diplomatie du général de Gaulle est devenue un mythe, que l'on présente comme un bloc alors qu'il avait d'abord cherché, pendant plusieurs années, à faire admettre par les États-Unis et la Grande-Bretagne, comme pendant la guerre (cf. la controverse sur son absence à Yalta), la France comme troisième membre du directoire occidental à vocation mondiale. Ce n'est que devant le refus réitéré de ses interlocuteurs anglo-saxons qu'il explora une autre voie, celle du traité franco-allemand de 1963 (neutralisé par le préambule rajouté par les atlantistes) ; du plan Fouchet d'union politique européenne intergouvernementale (rejeté avec horreur par les fédéralistes d'alors, mais qu'on serait bien contents, aujourd'hui, de pouvoir mettre en œuvre jusqu'au bout) ; de la sortie du commandement intégré de l'OTAN ; d'une expression diplomatique française autonome sur le Vietnam, le Proche-Orient, l'Amérique latine, etc. C'est cette politique-là, celle des années 1966-

1969, qui est censée avoir été l'intangible politique étrangère de la Ve République.

Celle de François Mitterrand reste plus présente dans les esprits, parce que plus proche de nous – s'étendant sur quatorze ans –, marquée par de grands événements (la fin du monde bipolaire), des réussites incontestées (la politique européenne de 1984 à 1992), des politiques normalement controversées (réunification allemande, désintégration yougoslave, politique franco-africaine en général), et une inconcevable polémique (sur le Rwanda). Mais, même dans ces cas-là, où a lieu l'évaluation méthodique et honnête de ce qui a été fait, celle des résultats obtenus au regard des choix possibles ? Où en tire-t-on des leçons utiles pour l'avenir ?

Même remarque concernant la présidence de Jacques Chirac dont les sept années de politique étrangère pur sucre (douze années, moins cinq de cohabitation) se réduiraient au non aux États-Unis sur l'Irak en 2003, à l'échec du référendum sur le Traité constitutionnel en 2005, à un réalisme critiqué envers la Russie et la Chine, à des embrassades trop étroites avec certains leaders arabes et africains !

La politique étrangère n'est pas un luxe. La France va en avoir plus que jamais besoin. Elle devrait s'y intéresser davantage, se demander, sujet par sujet, au-delà des images, quelles étaient les options envisageables, pourquoi l'une a été retenue plutôt que l'autre, si elle a réussi ou pas, examiner pourquoi, etc.

Les critiques déversées ces dernières années contre cette politique étrangère « gaullo-mitterrando-chiraquienne », censée avoir toujours été la même et en même temps périmée, à bout de souffle, émanent de plusieurs horizons.

Il faut d'abord remarquer que les partisans de la conception classique de la politique étrangère – la défense de nos intérêts vitaux, de notre autonomie de décision et de notre influence –, ce qui englobe la presque totalité de nos professionnels de la diplomatie, s'expriment fort peu, comme si c'était devenu peu glorieux et politiquement incorrect. En revanche, des groupes d'« activistes » au sens anglo-saxon du terme militent pour que leurs préoccupations deviennent prioritaires, voire exclusives.

Pour les européistes (terme qui désigne les militants de l'intégration politique européenne, à tendance fédéraliste, pour les distinguer des partisans de la construction européenne en général), qui formèrent le noyau dur du camp du « oui » au référendum sur le Traité constitutionnel, notre politique étrangère devrait avoir pour but quasi exclusif l'intégration politique européenne et se fondre elle-même, à terme, dans une politique étrangère européenne non seulement commune, mais unique. Pour les tenants de ce courant, tout ce qui ne va pas dans leur sens relève d'un souverainisme archaïque et constitue au minimum une perte de temps. Leur audience est plus faible depuis 2005, mais leur détermination reste intacte : ils pensent, et d'autres avec eux, que la seule issue à la crise européenne est, à défaut d'un nouveau référendum, l'adoption par le Parlement français des clauses institutionnelles essentielles du traité (c'est la solution dite du « petit traité »).

Le courant « droits-de-l'hommiste » est celui pour qui la promotion des droits de l'homme et de la démocratie devrait constituer la priorité absolue de la diplomatie française et, plus largement, des diplomaties occidentales. Certains défenseurs des droits de l'homme ajoutent qu'on ne peut attendre que la démocratie soit solidement installée partout, et que c'est sans attendre qu'il faut faire pression pour faire respecter les droits de l'homme. Ce courant critique la diplomatie française (et les autres diplomaties occidentales) dans son action ou son attitude envers la Russie, la Chine, le monde arabe et l'Afrique à l'aune exclusive de ce critère. Il est largement dominant dans les médias, dans les partis de gauche, mais pas seulement, et, bien sûr, dans le milieu des ONG. Il est peu réceptif aux remarques sur la faible efficacité de ces diplomaties de la dénonciation et insensible aux observations sur la faible légitimité des diplomaties occidentales du chantage à l'aide ou de la menace.

Il faut mentionner également les multila-téralistes intégraux qui professent, comme les européistes – bien que les deux groupes ne se confondent pas – que « la France ne peut plus rien faire seule » et que son action devrait s'inscrire tout entière dans le cadre de l'ONU et des autres organisations multilaté-rales. À l'extrême, pour eux, mieux vaudrait ne rien faire qu'agir seuls. Pour eux aussi, la politique étrangère française reste par trop nationale, trop classique, souverainiste, etc.

On ne comptera pas comme des courants particuliers tous ceux qui plaident pour des relations plus étroites avec tel ou tel pays, telle ou telle région du monde. Il s'agit de variantes au sein de la diplomatie classique.

Ces interpellations sont diversement fon-dées. La détermination du degré d'intégra-tion politique des États membres dans l'Union européenne est un choix essentiel, et il est temps qu'il soit fait de façon claire et durable. En revanche, la controverse sur les droits de l'homme constitue largement un faux débat : il n'y a plus de politique étran-

gère occidentale concevable sans un volet
« droits de l'homme » (ce qui ne dispense pas
de se demander, au-delà des postures et des
mots, comment agir utilement et intelligemment en ce domaine), et, en sens inverse,
aucune politique étrangère ne saurait se
ramener à cette seule préoccupation. Une
synthèse et une adaptation à chaque cas
concret sont parfaitement possibles. Elles ont
d'ailleurs été déjà réalisées à plusieurs
reprises.

Enfin la politique étrangère française fait
aussi l'objet d'attaques « atlantistes » de type
classique. N'est pas atlantiste celui qui souhaite coopérer normalement avec les États-
Unis – tous les responsables français s'y
sont montrés disposés –, mais l'est celui qui,
sous prétexte de lutter contre l'antiaméri-
canisme (forcément primaire), condamne
toute critique de la politique américaine, cette
critique fût-elle la plus fondée, la plus pondé-
rée, partagée même par une fraction notable
des Américains. C'est ce courant qui, dans la
période récente, a relayé, sous couvert de
« guerre » contre le terrorisme, la politique des

néoconservateurs américains dans le monde arabe, dont l'échec est patent. Il semblerait pourtant que ce fiasco américain en Irak et au Moyen-Orient et la défaite électorale républicaine de novembre 2006 n'aient pas découragé certains émules français, à droite comme à gauche, de tenter de réorienter dans ce sens la politique étrangère de la France ! C'est ce courant qui stigmatise en particulier la « politique arabe de la France » dans son application par Jacques Chirac, mais aussi dans son principe même. Il est favorable au projet américain de transformation de l'OTAN en alliance globale. Il est assez fort parmi les « élites » (!), plutôt faible dans l'opinion la plus large.

Parallèlement pèse aussi sur la politique étrangère une nouvelle chape de plomb : un puritanisme protocolaire et une pudibonderie gestuelle qui ont envahi les esprits des nouveaux censeurs, médiatiques et autres, et qui ont pris la place des grands débats. C'est à peine si on ose rappeler la controverse de Gaulle/Raymond Aron sur la dissuasion ou les débats plus récents sur Maastricht.

Une démarche diplomatique se jugerait tout entière non sur son utilité par rapport à un objectif historique et politique défini, mais sur sa conformité sourcilleuse à des règles strictes : voir Untel et pas tel autre ; parler ou non à telle organisation ; aller ou non à tel endroit ; serrer ou non la main d'Untel ; accepter ou non d'entendre tel ou tel mot, etc. Les diplomates ont toujours joué de ces subtiles nuances, mais c'était pour avancer ou dénouer des situations inextricables. Sous le contrôle soupçonneux de ceux qui modèlent l'opinion, cela devient autant d'interdits, la question n'étant plus : est-ce utile ? mais : est-ce scandaleux ? Si c'est jugé scandaleux, la machine à s'indigner couvre toute réflexion de son vacarme.

Le manichéisme et l'*hubris* occidentaux ont ainsi conduit à cette régression : la politique étrangère est devenue inutile, puisqu'elle n'a plus pour objet que de se congratuler entre amis ou alliés, et qu'on ne doit pas traiter avec les autres, opposants, parias ou voyous : on les ignore, on les sanctionne ou on les bombarde ! Or c'est bel et bien cela qui a échoué au Moyen-Orient Où est le temps où François Mitterrand pouvait déclarer en Israël, devant la Knesset : « C'est avec ceux qui vous combattent qu'on fait la paix » ? Après s'être fourvoyé pendant plusieurs années, le président George W. Bush s'est vu dans l'obligation de demander au réaliste James Baker – l'ancien secrétaire d'État de son père, le plus éloigné, dans le champ politique américain, des néoconservateurs chargés de concevoir sa propre politique arabe – de réinventer à son usage le vélo, outre une perspective de retrait en bon ordre du territoire irakien : une politique étrangère, une diplomatie, en somme. James Baker a répondu courageusement : concentration des troupes américaines sur la formation au lieu du combat, et début de retrait à l'horizon 2008 ; mais surtout reprise de contact avec la Syrie et l'Iran ; réengagement des États-Unis dans la recherche d'une solution au conflit israélo-palestinien sur la base de deux États (le lien est évident, mais c'est celui-là même que les néoconservateurs et leurs émules contestent farouchement) ; fin de la mission de démocratisation ; défense des intérêts américains. C'est, point par point, tout le contraire de ce qu'a fait jusqu'ici l'administration Bush. C'est pourquoi elle ne pourra pas l'appliquer.

En revanche, une interrogation portant sur la diplomatie a perdu de sa force : celle qui faisait se demander gravement à des idéologues sérieux ou à des journalistes soupçonneux ce qu'était une politique étrangère « de gauche ». D'abord, le langage diplomatique international est devenu lui-même « de gauche » : sécurité, paix, prévention des conflits, coopération internationale, développement. Il est vrai que ce n'est peut-être qu'une façon de parler. Gide disait : « Certains parlent du cœur comme d'autres parlent du nez. » C'est au moins un hommage du vice à la vertu. Ensuite, il n'est que trop évident que, sur l'Europe, le Proche-Orient, l'Iran, les relations avec les États-Unis, l'Afrique, les clivages passent à l'intérieur même de la gauche et de la droite, et qu'il y a plusieurs politiques étrangères de gauche, comme plusieurs politiques étrangères de droite possibles.

Le monde à venir s'annonce rude. Pouvons-nous l'affronter avec une politique étrangère vague et un ministère des Affaires étrangères constamment affaibli ? Non. La première remise en ordre consisterait à cesser de prétendre que nous ne défendons pas des intérêts, que nous parlons pour l'« Europe », pour le « monde », pour la « communauté des nations », pour la « paix », l'« universel », etc. Cela, pour plusieurs raisons : 1 – C'est faux. Nous avons des intérêts précis : ceux de soixante millions de Français qui ne sont pas des êtres virtuels ; 2 – personne à l'extérieur ne nous croit. Cela suscite sourires ou énervement ; 3 – cela désoriente l'opinion française. Défendre clairement nos intérêts ne nous empêche pas de promouvoir en même temps nos idées pour l'Europe, pour l'ONU, de faire rayonner la France que le monde aime, etc. Au contraire. Ce serait plus franc, plus convaincant, et donc plus efficace.

Conclusion

L'Occident, qui a cru être le seul maître et le grand ordonnateur du monde global de l'après-guerre froide, doit reconnaître qu'il n'a plus le monopole de l'Histoire. Malgré les valeurs universelles et les règles communes, notamment économiques, d'autres forces qu'il ne contrôle pas sont à l'œuvre pour le redessiner à leur façon. La démocratie et l'économie de marché continueront de s'étendre sous des formes diverses et contrastées, mais cela ne mettra fin ni à la compétition, ni à la politique, ni à l'Histoire. Nous entrons dans une ère faite de tensions sans précédent, de négociations et de compromis. La géo-économie comme la géopolitique vont s'en trouver bouleversées.

Si les Américains ne maîtrisent pas leur *hubris*, ils iront de catastrophe en catastrophe. La commission Baker-Hamilton leur a offert une occasion – malheureusement manquée – d'en revenir à une appréhension plus réaliste du monde. L'ancien président Bill Clinton aussi, qui déclarait en septembre 2006, à New York, lors de la Clinton Global Initiative : « Dans un monde interdépendant, il est impossible de détruire tous ses ennemis ou d'occuper leurs territoires. Il faut donc s'efforcer d'avoir plus d'amis et moins d'ennemis. Nous avons besoin d'alliés et de partenaires. Si puissants que nous soyons, il nous est impossible de résoudre seuls tous les problèmes de la planète. » Il est à craindre qu'un certain temps s'écoule encore avant que les États-Unis suivent d'aussi sages conseils.

Si les Européens ne sortent pas de leur ingénuité et les Français de leurs chimères, ils subiront, de plus en plus impuissants, la suite des événements. S'ils le font, en revanche, ils pourront redevenir un acteur de premier plan. Une Europe lucide et déterminée serait à même de corriger l'effarante vacuité de la prétendue « communauté inter-nationale ». Une prise de conscience du compte à rebours écologique global dans lequel nous sommes entrés permettrait de relégitimer l'action publique, de fonder la citoyenneté, de créer un vrai lien entre les six milliards et demi d'êtres humains que tant de choses séparent, mais sur qui pèsent les mêmes menaces.

Celle du « clash des civilisations » doit être combattue et empêchée, et non niée. Les États et les gouvernements, irremplaçables fondements d'un multilatéralisme efficace, doivent être réhabilités et non plus, jour après jour, disqualifiés et affaiblis. Les États membres de l'Union européenne doivent fixer ses limites, organiser de façon claire, stable et démocratiquement acceptable la répartition des pouvoirs en son sein, forger un large consensus sur l'action de l'Europe dans le monde.

Dans son intérêt comme dans celui de l'Europe, la France doit sortir d'une intermi-nable interrogation sur elle-même, de ce res-sassement masochiste où elle se morfond.

Pour qu'elle se ressaisisse, elle doit regarder en face son histoire – toute son histoire –, mais aussi ses atouts présents et futurs. Elle n'y arrivera que si, considérant le monde tel qu'il va être, elle juge possible d'y occuper une place attractive et d'y jouer un rôle conforme à ses attentes et qu'elle agit jour après jour en conséquence. La nostalgie perdra alors de ses charmes et les chimères de leur éclat. Le passé éclairera sans culpabiliser. Nous nous projetterons à nouveau dans l'avenir. Et, de fait, il y a tant à faire pour la France ! Il n'est pas aujourd'hui de responsabilité plus haute pour les politiques que de le dire et d'en convaincre les Français.

1er janvier 2007

Table

Achevé d'imprimer en mai 2010
sur les presses de l'imprimerie Maury-Imprimeur
45330 Malesherbes

N° d'édition : L.01EHQN000170.B003
Dépôt légal : mars 2008
N° d'impression : 10/05/155989

Imprimé en France